法学憲法 コアノート

齋藤　洋 編著

門脇邦夫 著

八千代出版

はしがき―本書の特徴と使い方―

　本書は、大学で法学入門および憲法を学ぶ初学者向けに、最も重要な事項を記述した。その内容は、法学部生にとっては在学中に法律学を学ぶうえで必須事項であり、他学部生にとっては法律学とはどのような学問で、いかなる思考方法をとっているのか、どのような用語で専門分野を語っているのか、ということの理解に資するものとなるはずである。まさに法律学の中核（コア）のみを記述している。

　通常、教科書は、独学用のものと、授業（講義）での口頭説明とセットで使用するものに大別されるが、現在刊行されている多くの教科書は、この中間に位置し、独学用にしては記述量が少なく、授業とセット用としては授業で使用しない部分が多く、購入者（受講生）にとっては十分な使用感を得られないものが多い。

　そこで本書は、執筆者の長年の経験に基づいて、半期15回あるいは年間30回の授業を前提に、毎回の授業で担当者（教員）が本書の記述を実際に読み上げながら、必要に応じて説明を加えることを念頭に執筆された。そのため本書は独学用には全く向かず、あくまで授業で使い切ることを想定し、その内容はいわば体脂肪率0％とも比喩できるほどに絞り込んだものとなっている。また90分の授業で説明を加えながら読み上げることのできる分量はA4判で3枚程度という実体験に基づいたページ数にし、その中に必要事項を盛り込んだ。

　この様な企図から、本書は法学入門編、補説編、憲法の要点編という三部構成になっている。法学入門編が本書の中心であり、この部分が授業で読み上げられることになる。同時に授業時間以外に受講生自身が読むべき内容を補説編に記述した。補説編の各項目の掲載順序は法学入門編の項目とは対応関係にない。科目担当者がそれぞれの説明時に必要であると考えれば、順序とは無関係に補説編の項目を利用すればよく、受

講生に宿題として読むように指示してもよい内容となっている。

　この法学入門編と補説編とを合わせて法学入門部分となり、通常前半15回の分量である。後半15回は憲法の要点編が該当する。法学部では独立して憲法の講座があるが、他学部では法学入門とともに、あるいは法学憲法という名称で一つの講座となっている場合が多く、教職課程には必須となっている。そこで、いかなる学部に所属していようとも、日本国憲法を学ぶにあたって必要最小限の事項を、特に地方公務員採用試験の憲法を念頭において記述している。その中には多くの事件名が示されているが、紙幅の関係で各事件の詳細を本書で説明することができなかった。ただ当該事件のほとんどは、例えば有斐閣の『憲法判例百選Ⅰ』及び『同Ⅱ』に掲載されているので、特に法学部生は判例集に当たって事件内容と判決を学習することが望ましい。法学部以外の学部生は、本書に記述されている事件名を、掲載項目と関連させて覚えるようにすることが必要である。

　本書が企画された時期と現在は相当に授業環境が異なっている。企画当時は従来の対面式授業を考えていたが、現在は大学における授業形態がオンライン式ライブ授業などに移行している。しかし今のような状況であれば、むしろ本書の企図の有用性、有効性が改めて認識されるであろう。オンライン式ライブ授業で、読み上げながら説明を加えることが最も効率良く学習成果を上げられるからであり、受講生にとっても板書などなくても授業担当者の読み上げと説明を聞きながら、本書に直接書き込めるため、板書を移しながらノートを作成する手間が省けるであろう。担当者の口頭による説明に集中できるようになるはずである。また従来の対面式授業に戻ったとしても、書画カメラも導入しながら、同様の方法を教室内で用いれば同様の教育成果を期待できるはずである。また複数の項目で重複する記述もあるが、それだけ重要な点であると理解してもらいたい。

　本書が必要最小限のことのみを記述しているゆえに、どこまでその内

容を膨らませることができるか、興味深く説明できるか、いかなる創意
工夫を加えられるか、これらはまさに担当者の力量に掛かっている。そ
の意味では、いかようにでも使えるように仕立てているのが本書の特徴
であり、担当者と一体となって授業を作り上げるためのアイテムなので
ある。

　最後に、本書の企画から編集、刊行に至るまで八千代出版株式会社社
長の森口恵美子氏並びに御堂真志氏には大変にお世話になった。簡略で
申し訳ないが、ここに深く感謝する次第である。

　2021 年 3 月 10 日

編著者　齋　藤　　洋

目　　次

日本国憲法の要点編

法学入門編

1. 法とは何か──「法」の定義と多面性

(1) 法の定義

　「法」とは何かという問いに正確に回答することは難しい。それぞれの民族、国民あるいは国家の宗教や歴史又は文化などの相違によって、「法」と意識される内容と形式が異なるからである。例えばイスラーム世界あるいはイスラーム教を土台としている国家においては、多少の相違はあるものの、コーラン（クルアーン）と呼ばれる経典を主軸に、宗教としてのイスラーム教と法規範としてのイスラーム法がほぼ一体化している。一方で日本のように、政治と宗教とを切り離すという政教分離を原則としている国家もある。これらは、先述の夫々の社会あるいは歴史などの相違を原因として、「法」に対する異なる意識と現実を表している。そのため、普遍的な「法の定義」を示すのは困難なのである。

　しかし、現在の日本あるいは日本の様な人権保障を基礎とする民主社会を前提にした場合、ある程度の共通認識としての「法の意味」を示すことは可能であろう。それは、社会構成員の共通する正義の具現化であるといえよう。

　ひとつの仮定として単純化して示すならば、人々は各自の正義（あるいは正しいこと）を持っている。そのため一つの社会にはその構成員の数だけ正義が存在する。そこで各自の正義が衝突して紛争が生ずる。親子喧嘩や兄弟げんかなどを例にとっても分かるように、それぞれが自己の正義を主張するゆえに衝突或いは紛争（喧嘩）が発生する。社会全体においても同じである。しかし法学の視点からは、紛争が多発する社会は複数の正義の存在を認めている自由な社会とも考えられる。そこで重要なことは、紛争当事者による強制的な解決ではなく、双方の主張（正義）を中立的な第三者が聴取したうえで、解決を図ることである。紛争当事

者による解決に任せると、「正しさ」ではなく力（社会的権力や社会的地位に基づく力あるいは暴力など）に拠ってしまうため、強いものが正しいという社会になり、結局は人権や自由が損なわれてしまうからである。

　中立的な第三者にとって、紛争当事者のどちらの正義をどの程度認めるかということに関する規準が必要になる。そのため、社会構成員の有する個別の正義に共通する内容（共通する正義）を採り上げ、それを全員に分かるように「法」として具現化する。そのようにして成立した法を裁判基準として用いることで、中立的な第三者—その代表が裁判官—は、紛争当事者の主張する夫々の正義と、当該社会の共通する正義との遠近を審査し、それぞれの主張（正義）に対する評価を提示することになる。つまり一方の正義が共通する正義に合致している場合は「無罪」あるいは「責任なし」ということになり、合致していない場合は、合致していない程度に応じて「厳重注意」や「罰金」あるいは「損害賠償責任がある」さらには「死刑」という評価を下すのである。

　この様に理解した場合、「法」とは当該社会の構成員にとっての「共通する正義」ということになり、それゆえに裁判規範（裁判を行う際の評価の基準）、あるいは社会構成員の行動規範（行動する場合の規準）になるのである。さらに、実効性を担保する（保証する）ために、公権力による強制力を伴わせることで、当該社会の共通する正義たる裁判規範の役割を確実化するのである。

(2) 法の多面性

　この様な法には下記のような多くの面がある。

- ・技術的側面：社会や人々を秩序立てる或いは統治する技術である。
- ・思想的側面：特定の思想や観念の現れである。
- ・歴史的側面：「人の支配」を否定して「法の支配」を確立するための中心的技術である。
- ・社会的側面：社会構成員の共通する約束である。

・文化的側面：社会で培われた文化の一つである。

　法に関する研究分野は、上記の側面のどれに重きを置くかによって、いくつかの分野に分かれている。例えば歴史的側面に重きを置いた法史学（法制史）、思想的側面に重きを置いた法哲学、社会的側面に重きを置いた法社会学などが独立した研究分野として存在する。同時にそれらは相互関係を持っており、思想的側面と歴史的側面にかかる法思想史や、社会的側面と文化的側面に係る比較法文化といった研究もおこなわれている。この様に多面性を有する法を定義すると、「外面的強制力を有する社会規範である」という一般的定義となるが、法は上記のような様々な側面の総合体であるため外面的強制力や社会規範が現す意味内容と現実の社会との乖離の有無あるいは妥当性を常に様々な方面から検討し直しつつ、日々「法の妥当性」を求めながら考え、学習し続けなければならない。そのため、人間の一生で経験できることは極めて限られているので、疑似体験を兼ねて思考の幅と深さを拡大するために、先達の残した多くの蓄積、すなわち書籍を読まなければならないのである。

2．法を学ぶ目的

　複数の側面を持ちつつも、法は、現代社会においては権力と結びついた技術であり、特定の思想（例えば自由や人権保障）の具現化であり、そのために権力の抑制を図る「法の支配」（Rule of Law）としての技術でもある。その使い方は、それぞれの社会の歴史や文化の影響が非常に大きい（例えば訴訟をあまり行わない社会、すぐに裁判に訴える社会など）。しかし、どの側面をとっても人々の生活や社会と密接に関係しており、権力とも結びついているため、使用方法を誤ると社会や人々を不幸にする。そのため、法学部では、権力と表裏一体化した法（法律）を、社会や人々が幸福になる様に、あるいは正義を実現できるように、その使い方を学

ぶのである。また他学部では、このような法の特質を理解したうえで、日常生活において常に法の使い方、使われ方と権力との関係を注視することを学ばなければならない。

　それでは、法とは「外面的強制力を有する社会規範である」というものであったとしても、何故にそのようなことが成り立ち、人々がそれを受け入れているのであろうか。まずはっきりと認識しなければならないのは、法あるいは法規範は人間の創造物あるいは人工物であることである。人間が存在しないところには、自然法則（引力等）は存在するけれども、私たちの社会における法あるいは法規範は存在しない。では、人工物である法あるいは法規範は何によって構成されているのであろうか。結論から言えば、当該社会構成員に共通する正義と強制力である。人間は生まれながらにして自由である、ということを前提とするならば、個々の自由な人間は自分自身の正義或いは正しさを持っている。そして人間が社会という集団を構成した場合、個々人の有する正義が共通していれば紛争は発生しないが、夫々の正義が異なる場合、そこに正義の衝突が発生する。それを通常、紛争と呼んでいる。つまり紛争或いは争いとは、正義と正義の衝突であり、その意味では紛争の多い社会は様々な正義の存在を認める自由で寛容な社会ということになる。全く紛争の発生しない社会を想像すれば、紛争の発生が認められることの重要性を理解できるであろう。そこで大切なことは、紛争の解決を当事者同士の暴力に拠らず、中立の第三者による「評価」に基づかせるという点である。当該第三者の典型が裁判官であり、その裁判官が紛争を評価する際に依拠するのが法である。裁判官は、紛争当事者の主張するそれぞれの正義のどちらがどれほど共通する正義、すなわち法に近いか、一致するか或いは乖離しているか、という点を「評価」するのであり、決して「白黒をつける」とか「善悪を判断する」という二者択一的なことは行っていない。紛争当事者の正義（主張）が共通する正義（法）と一致する場合の評価は例えば無罪となり、その正義（主張）が共通する正義（法）と極め

て大きく乖離している場合には例えば無期懲役或いは罰金の支払いという評価になるのである。この様に裁判官の依拠する法は共通する正義であるからこそ、当該社会の人々に受け入れられており、それに基づく評価とその執行も受容されるのである。しかし、当該評価の執行には実力が伴わなければならないため、そこに公権力による強制力を必要とする。そうでなければ共通する正義（法）によって維持される社会を継続できないからである。ここに法の特徴である外面的強制力、すなわち公権力による強制力が生じるのである。

　この様に法あるいは法規範の内容が共通する正義であることから、常に当該正義の妥当性を検討し直し、当該正義の実現のための公権力の使い方も検討し続けなければならない。何が正義なのか、その正義が時代や社会に合致するものなのか、人々に受け入れられ得るものなのかを考え、大量の読書や人とのコミュニケーションを通して常に現実と向き合い、それらに目を向けていなければならない。それらを通して、より良い正義の追求、権力の正しい使い方と抑制を学ぶことが、法を学ぶことなのである。

3.　現段階における前提——モデル理論としての社会契約説

　最初に一つの社会としての「国家」（State）の存在が前提となる。当該（その）国家の中で作られた法律（法令）、すなわち国内法が存在する。では、国家という人間社会はどのように成立したのか。ここでは歴史的事実とは異なるが、一つのモデル理論としての社会契約説をみておこう。このモデル理論が、現在の法制度を最も合理的に説明し得るからである。

　社会契約説はトマス・ホッブズやジョン・ロック及びジャン・ジャック・ルソーによって主張された考え方であるが、前二者の相違については本書の補説編を参照してもらいたい。ここでは人間の自然状態が「闘

争である」という考えの社会契約説を採り上げ、その骨子を示すことにする。それは以下のようになる。

　人間とはいかなる存在かという点から始めると、それは完全な自由を有する存在である。ここにいう完全な自由とは道徳も倫理感も一切ない自由であり、極論すれば殺人も自由である。つまり万人の万人に対する闘争という状態である。この様な存在である人間が社会という人間集団を形成した場合、自由な殺人が行われ、その結果人類は滅亡するということになる。しかし現実には人類は、戦争をしているとしても、非常に繁栄している。理論上は滅亡するはずの人間が繁栄しているという矛盾に対してどのように整合性を持たせるのか。

　　※国連の 2011 年版『世界人口白書』によると、2011 年 10 月 31 日に世界
　　　の人口が 70 億人に達したとされている。

　そこで「自由を制限した」と考える。つまり実行してよいことと、してはいけないことを明確に区別し、それを「約束」したとみなす。その段階で人間は、完全な自由から制限された自由へと移行する。そのため不便にはなったが、同時に「安全と安心」を得ることができた。つまり、完全な自由の段階では、自身が殺人を行うことは自由であったが、他者が自分を殺害することも自由である。自分が他者のものを勝手に取得するのは自由である反面、他者が自分のもの強制的に取得することも自由である。そのため、完全な自由の段階では自分自身に降りかかる他者の自由を恐れて何もできなくなる。しかし、完全な自由の中で禁止される部分を約束した場合、自分は当該禁止部分を行い得ないが、他者も同様となるため、恐怖と不安定から解放され、認められた範囲の自由を行使できるようになる。これを本当の自由といい、この段階で人間はまさに「人間」（野獣ではない）となるのである。

　このような完全な自由を制約した約束を「社会契約」(Social Contract)といい、法律学ではこれを「憲法」(Constitution / Constitutional Law) という。この基礎となる社会契約（憲法）に、通常当該社会を運営する組

織を設定すると、それが政府となる。ホッブズの時代ではこの政府の部分に君主を置くことで社会契約説に基づいて君主制を説明したのである。一方、市民革命に関しては、憲法（社会契約）を遵守しない、あるいは違反する君主に対しては契約解除となり、革命権や抵抗権が説明されるようになるのであった。

　以上は社会契約説の骨子あるいは大略であるが、これは一種のフィクションでもある。しかしここで当該骨子を前提として、高校の政治経済や歴史で出てきた用語—憲法、選挙権、被選挙権、国民審査、国民主権、リコール、政府、国会、裁判所、行政府（内閣）、三権分立、国籍、議院内閣制、大統領制など—とそれぞれの相互関係について説明すると以下の解説図のようになる。

　ここから、ひとつの社会（国家）は土台となる一般的な社会契約（憲法）によって構築されており、その社会契約の内容を維持するために、契約上、様々な方法が制度として設定されていることが分かる。そして、憲法という最初の一般的社会契約では不十分なので、特定の分野に関する特別の契約をそれぞれ作成した結果、特別契約として各国内法（民法、刑法、商法など）が創り出され、さらにそれらを基礎としてより特殊な分

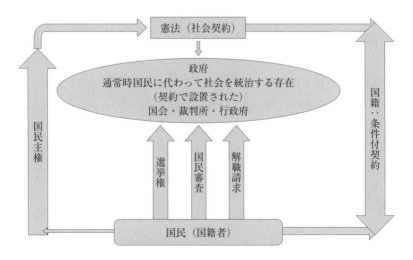

野の契約（下位の国内法）が創られていることが理解できる。このような憲法という一般契約から国内法という特別契約が樹形図のように創られ、それらが一体化しておおもとの社会契約である憲法で定められた当該社会の基礎（契約内容）を維持するようになっているのである。この契約の樹形図的集合体を国内法体系と称している。その中で最も基本となるのが、憲法、民法、刑法、商法、民事訴訟法、刑事訴訟法という六つの法（契約）であるため、通常はこれらを「六法」と総称している。ゆえに、国内法体系自体を契約体系として考えて学習すると理解が容易になる。

4. 権力分立における三権の関係（立法・行政・司法）

　憲法という社会契約に基づいて、主権者である国民にかわり、当該社会あるいは国家を統治するために政府という組織が設置される。政府は、それぞれの時代や社会及び歴史によって様々な形態になる。例えば一人の人間に統治に関する権限を集中させる絶対君主制、当該権限を分散させる権力分立制などである。現在の民主国家といわれている社会では、権力分立制という形態を設定している場合が多く、前頁の図式で示されたように、憲法という社会契約に定められた人権保障という社会目的を担保するために、政府に付与された権力の行使を多くの方法で規制している。その中で代表的な方法として、政府に付与されている権限自体を立法権、行政権（執行権）、司法権と三権に分け、それぞれが相互に規制する制度があり、日本国憲法が採用している。

　立法権は、実定法（法律・条例）を作る権利で、立法府（国会・地方議会）という機関に付与されている。立法府の構成員（国会議員・地方議会議員）は国民・住民の選挙で選出される。そのため、国民・住民のその時の意見や考えを立法の際に直接反映できる。

行政権は執行権とも言われており、行政府（政府及び省庁・地方自治体の長及び公官庁）という機関に付与されている。行政（執行）府の長は、日本のような議院内閣制の下では国会議員から選出される（内閣総理大臣）が、米国のような大統領制の場合は国会議員の選出とは別途の選挙制度で選出される。地方自治体の長は住民の直接選挙で選出される。ここにいう行政（執行）とは、成立した法律・条例を実際に国民生活や社会に用いることである。

司法権は、裁判所という機関に付与されている。裁判所の構成員である裁判官は、成立した法律・条例が実際の生活に適用されて問題が発生したときに、当該問題を解決するために法律や条例を解釈して、法律・条文の意味を確定し、それを規準として紛争当事者の夫々の主張（夫々の正義）と当該規準との距離（一致度）に基づいて評価する。紛争当事者に対してその評価結果と理由を文書で明示したものが判決文と呼ばれている。

5. 日本国憲法という社会契約の構造

現在の日本国という社会では、日本国憲法という社会契約の中に、人権保障という契約目的を設定し、当該目的を達成するための方法を規定している。それらの関係を示すと次の様になる。

【日本国憲法】（前文及び条文は付属の「日本国憲法」を参照すること）

前　文　この契約の思想あるいは目的を表している。つまり①日本国民、②選挙による代表者、③諸国民との協和、④自由、⑤戦争の惨禍の回避、⑥主権在民である。これは特に第二次大戦後の国際社会で、再び大惨事になるような戦争を引き起こさないために、日本国という社会を人権を保障する民主社会にすることを表明しているのである。つま

りこの国（社会）の根本を担う社会契約を形成することのできる権限である主権を有しているのは、日本国民（日本国籍者）であり、統治の権限を付与されている政府は選挙という方法で主権者である日本国民が選出し、この社会を自由で民主的な社会にすることで、再び戦争に向かう潮流が現れた際には、主権者たる国民の自由な言動と民主主義の力で当該潮流を阻止し、戦争の勃発を事前に防止するという、当該社会契約（憲法）全体を貫く目標を明示しているのである。以下では、上記の目的（丸数字）と日本国憲法の各条との対応関係を示してみよう。

第1章 天皇　⑥第1条「……主権の存する日本国民……」が国民主権を規定している。天皇は象徴である。

第2章 戦争の放棄　③⑤第9条「国際紛争解決手段としての戦争・武力行使の放棄」

第3章 国民の権利及び義務　①第10条、④第11条～第40条

第4章 国会　第41条「……国の唯一の立法機関である」（立法権）、②⑥第41条～第64条

第5章 内閣　第65条「行政権は、内閣に属する」（行政権）、②⑥第66条～第75条

第6章 司法　第76条「すべて司法権は、最高裁判所……下級裁判所に属する」（司法権）、④⑥第77条～第82条

第7章 財政　②④⑥（③⑤）第83条「国の財政を処理する権限は、国会の議決に基いて……」、第84条～第91条

第8章 地方自治　⑥第92条「地方公共団体……に関する事項は、地方自治の本旨に基いて、法律でこれを定める」、第93条～95条

第9章 改正　⑥第96条「……国民投票……」

第10章 最高法規　この契約の思想、最上位の社会契約、当該契約の尊重を再度明記している、第97条～第99条

第 11 章 補則 第 100 条～第 103 条（明治憲法から現行憲法に移行する際の経過規定なので今日では実質上の意味は失われている）

　この様に、前文で示されている重要な事項を憲法の各条文が具現化しているのである。

【下位規範（下位法）】

　例えば『ポケット六法』（有斐閣）に掲載されている多くの法律が、社会契約である憲法の上記の規定（条文／契約）をより詳細かつ具体的に現した個別分野の契約という意味を持つ。憲法第 10 条との関係で国籍法、憲法第 76 条は裁判所法、憲法第 92 条は地方自治法というように、一種の特別契約という位置付けで下位の法律等が作られている。さらに個別分野の特別契約相互間でも、上位規範（上位法）と下位規範（下位法）に分かれる。例えば、刑法第 190 条（死体損壊等）との関係では軽犯罪法第 1 条第 18 号、商法第 3 章（商業登記）及び会社法第 7 編（雑則）第 4 章（登記）との関係では商業登記法などが示される。

【政令と省令】

　立法府（国会）で制定される法律以外に政令がある。政令は憲法第 73 条第 6 号に基づいて内閣が制定する命令で、行政機関が制定する命令の中で最も優先的な効力をもつ。

　また省令は国家行政組織法第 12 条第 1 項に基づいて各省の大臣が主任の行政事務（当該省庁が担当する国の事務）について、法律又は政令を施行するため又は法律若しくは政令の特別の委任に基づいて、それぞれの機関（国の行政機関＝各省庁）から発せられる命令である。

　政令の根拠は最高法規である憲法、省令の根拠は憲法の下位法である国家行政組織法である。

　日本国（日本社会）の根本法（最高法規・社会契約）である日本国憲法は、目的部分（前文）と人権部分、統治機構部分からなり、特に三権を定めた統治機構部分は、この契約の目的を実現させるための具体的な手段或いは方法を規定している。

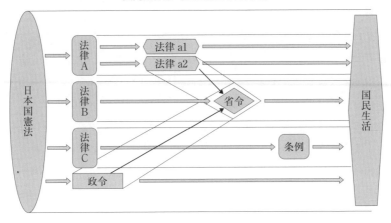

国内法体系（上位規範の枠内で）

それらを上位規範と下位規範という関係で関連付けた一群が「国内法体系」という一種の契約体系となる。したがってすべての法律・政令・省令の源を辿ってゆくと最終的には憲法にたどり着くことになる（上記の図を参照）。

6. 法律学の学習の中心

　法律学の学習の中心は、上記の諸契約（憲法、法律、政令、省令など）が主権者（国民）にとって正しく作られているか、正しく用いられているか、正しくなければその原因は何か、どのようにすれば軌道修正できるか、これらを勉強し、考え、実行する（選挙、法曹、議員、市民活動、論文などを通して）ことである。特に主たる学習は「法解釈学」となる。法解釈学とは、法令を具体的問題に適用するため、実定法（用語や条文）の意味内容を体系的に明らかにする学問をいい、解釈法学とも称されている。つまり日々変化する社会において市民生活に問題が発生したとき、契約内容（法令の示す意味内容）が明確になっていなければ、裁判官が紛争（当

事者の主張たる夫々の正義）を評価する際の規準が明確に設定できなくなるからである。

　また法律学で頻繁に使用される専門用語として、権利、義務がある。権利とは、「他者に対して作為又は不作為を要求することのできる法律上の地位又は資格」である。作為とは積極的に行為すること、不作為とは行為しないことである。例えば、債権とは一定の行為を請求することのできる民法上の権利であり、金を借りた者に対して「返す」という行為を要求することのできる権利を意味する。権利義務関係とは、紛争当事者の立場になってどちらにどのような権利あるいは義務があるのか、という視点での表現であり、法律関係とは、第三者の立場になって紛争当事者間の権利及び義務の有無を表す表現である。

7. 法 的 思 考

（1）一般的な法的思考

　法学を学ぶにあたって重要なことは、自らを裁判官あるいは法曹（裁判官、検察官、弁護士）に置き換えて、具体的事件を審理し、判断（評価）を下すことを前提とした思考方法を身に付けることである。この思考方法は法学特有のものであるとともに、最も基本的なことでもある。以下では、その法的思考の骨子を図式化し、どこで何によってそれぞれの段階を学ぶかを示そう。

　ここにいう法的思考とは、法律学（法解釈学）独特の思考方法であり、成文法の解釈を通して問題を解決するという、法学で習得する内容の基礎であり中心でもある。

　次頁の図では、基本的な法的思考の流れ（左側）と内容（中央）及び習得場所（右側）が示されている。

　次頁の図の2にいう「構成要件」あるいは「要件」（legal conditions）

(0)	個別具体的問題	← ニュース報道のような 具体的問題（実際は複合的）	日ごろの関心
1	適用法令（条文） の決定	← ○法第□条第☆項第△号 （複数の場合もある）	六法・授業・教科書
2	構成要件に基づく 問題の発見	← 必要な要素（要件）のみを用いて 具体的問題を抽象化（一般化）する	授業
3	解釈問題（争点・ 論点）の指摘	← 適用条文のどの部分（用語、 表現など）が問題となるか	授業・教科書
4	学説の検討	← 解釈に関する様々な 見解を検討（短所長所）	授業・教科書・論文
5	判例の検討	← 解釈問題を同じくする 諸判決から判例を導き出す	授業・教科書・ 判例集・論文
6	妥当な解釈の 提示と当てはめ	← その時点で最も better な 解釈を問題に当てはめる	授業・教科書
7	結論（判決）	← 具体的問題に対する具体的結論	他者からの評価

とは、法令で定められた条件を意味する。「条件」は日常生活上の一般的な用語或いは表現である。しかし「要件」あるいは「構成要件」とは、法令の条文中に明示された条件あるいは法的効果を生じさせるために満たしていなければならない要素を意味している。例えば刑法第199条は、「人を殺した者は、死刑又は無期若しくは五年以上の懲役に処する。」と規定している。この条文が典型であるが、一般に法令の条文は「要件」部分と「法的効果」部分で構成されている。つまり日常生活の言葉でいえば、条件と結果である。この第199条においては、「人を殺した者」が要件部分で、「死刑又は無期若しくは五年以上の懲役に処する」が法的効果部分である。そこで要件部分をもう少し詳細にみると、法的効果部分が発生するためには、「人（者)」が「人」を「殺した」という三つの要素（要件）がすべて満たされなくてはならない。つまり「狼」が「人」を「殺した」、「人（者)」が「ウサギ」を「殺した」あるいは「人（者)」が「人」を「殺しそこなった（まだ生きている)」ということでは、

第199条の要件を満たしていないことになり、当該条文は適用できない（当てはめて使うことができない）ことになる。この様に条文に規定されている要件というのは、前頁図の1の適用法令を決定する際に、当該法令（条文）が問題に適用可能か否かを決定する最も重要な部分なのである。

　前頁図の2及び3における問題と争点（解釈問題）の発見とは、適用法令（条文）がある程度決まった時点で、具体的問題（事実）の重要な要素が条文に定められている構成要件に該当するのか否かが明瞭でないことを意味する。例えば民法第3条第1項は「私権の享有は、出生に始まる。」と規定している。私権とは私法（民法など）に基づいて行為主体（自然人や法人）が有する権利であり、財産権（財産の帰属に関する権利）や人格権（自由、生命、名誉などに関する権利）、身分権（嫡出子や養子、配偶者などの家族関係に関する権利）をいう。上記の民法第3条第1項ではこの様な私権を「出生」を要件として享有する（身に備えて持っていること）と定めている。しかし、ここにいう「出生」とはどのような状況をいうのか。胎児が母体に宿っている状態か、胎児が母体から一部でも露出した状態か、胎児の身体全部が母体から露出した状態をいうのか、所謂死産は出生に該当するのか、といった問題が生ずる。そうなった場合、「出生」という要件の意味内容を明確にしなければならなくなる。これが争点、論点あるいは解釈問題といわれていることである。他の例を挙げるならば、国籍法第2条（出生による国籍の取得）の第3号は「［子が］日本で生まれた場合において、父母がともに知れないとき、又は国籍を有しないとき。」と規定している。ここで父母がともに「知れない」というのはどのような状態なのか、あるいはどの程度の分からないことが「知れない」に該当するのか、という問題がある。そこでこの要件である「知れない」の意味内容を明確にしなければ、現実の問題に適用して解決を図れなくなる。この部分が争点、論点あるいは解釈問題となるのである。この問題については補説編 No. 10 の「法解釈の事例」を参照すること。

　争点や論点あるいは解釈問題に関して特別に扱うのが前頁図の4およ

び5である（学説と判例の検討）。学説とは、当該争点あるいは解釈問題に関して主に研究者が学術研究を土台にして主張する見解である。一方、判例は、実際の裁判所で採用された考え方あるいは解釈である。順番としては、最初に学説を検討し、次に判例を検討する。なぜならば、公権力である裁判所の解釈（決定）が実効性を伴うからであり、また裁判所が学説を取り入れ、検討して解釈（決定）を出すからである。判決と判例と判例法の相違と関係は後述の「10. 判決、判例、判例法の関係」で説明する。学説と判例の検討を通して争点あるいは解釈問題に係る一定の解釈が見出せたならば、それに基づいた解釈（明確となった意味内容）をもって適用法（条文）を問題に当てはめて（図の6）、結論（評価）を出す（図の7）のである。

　以上が、具体的問題を審理する際に使用される法的思考の流れである。但し、各段階（適用法令の決定、学説や判例、当てはめ）において、後述する法の一般原則などの枠の中で成立しなければならないという前提条件が存在する。例えば法令が適用可能なのは誰に対してか、適用可能な場所（空間）やいつ（時間）の法令ならば適用可能なのか、などに関する原則である。いわば「法の枠」と称され得る決まり事である。

　法学の授業（法解釈学）の大半は、「解釈問題」「学説の検討」「判例の検討」の部分に充てられる。そのほかの部分は、分かっていて当たり前のこととして扱われるので注意すること。

（2）上記の法的思考に当てはまらない場合

　この場合は、上記に述べた法的思考がひとまず終わり、一定の結論（解釈の確定）が出た後に、社会の変化に伴って当該結論（解釈）が実態と乖離してきた場合に発生することが多い。そのため、新しい解釈は確定していないので、最終的には自己の見解（私見）を結論として提示することになる。そこに至るには、これまでの判例や学説を十分に検討したうえでなければならない。

妥当な結論が出ていない（最新の問題）の場合

(0)	具体的問題	←	新しい問題、あるいは同じ問題でも社会状況が変わったので従来の解釈が適合しない
1	判決・判例の問題点	←	これまでの判例のどこが・何が問題なのか
2	学説の検討	←	多くの学説を検討（外国との比較を含む）
3	結論（私見）	←	自身が最も妥当すると考える解釈を理由を付して提示する

8. 適用法の種類

適用法を裁判規範とも称する。裁判（問題となった行為に対する評価を行うこと）において、評価の基準となるものである。それには以下のような種類がある。

(1) 制定法（成文法／実定法）
　一定の手続と形式によって文書の形で制定された法。
1）長　所
①　内容が明確である（誰でもわかる）。
②　国民の意思が反映される（立法機関で制定するため）。
③　複雑で技術的な問題に対応できる（人間の意思による制定のため理想や科学技術の進展に基づいた具体的内容などを反映できる）。
2）短　所
①　制定法で何でもできると錯覚する（社会を無視した法規万能主義）。
②　制定後は社会変動に対応し難くなる。
③　内容が複雑になりやすく、多量に制定されると全体を把握できな

くなる。

3）種　類

① 　憲法：最高規範・行為規範・裁判規範の性質をもつ社会契約。

② 　法律：民法や刑法などの諸国内法。

③ 　命令：政令・省令を含む。

④ 　規則：議員規則（衆議院規則と参議院規則）と最高裁判所規則。

⑤ 　自治法規：地方議会が定める条例と地方自治体の長が定める規則。

⑥ 　条約：国家間の文章による合意。

（2）非制定法（不文法）

　文章化されていない法で、以下のような種類がある。

① 　慣習法：一般的には事実が長期にわたって繰り返し実行され（反復性）、当該実行が法規範に基づいているという意思（法的確信あるいは法的信念）を伴っている場合に法規範（慣習法）となる。特に日本においては、「法の適用に関する通則法」第3条を参照。また商法第1条第2項も参照。民法第92条も参照。

　　　※法の適用に関する通則法第3条：「公の秩序又は善良の風俗に反しない慣習は、法令の規定により認められたもの又は法令に規定されていない事項に関するものに限り、法律と同一の効力を有する。」

　　　※商法第1条第2項：「商事に関し、この法律に定めがない事項については商慣習に従い、商慣習がないときは、民法の定めるところによる。」

　　　※民法第92条：「法令中の公の秩序に関しない規定と異なる慣習がある場合において、法律行為の当事者がその慣習による意思を有しているものと認められるときは、その慣習に従う。」

② 　判例法：個々の裁判判決から導き出された判例の集積によって成立する。裁判所で生成される慣習法ともいえる。英米法系の国は判例法主義に基づいて「先例拘束性の原則」（先例拘束主義／前例拘束主義）がある。成文法主義の国では当該原則はなく、同一事件に関してのみ上級審判決

が優先する。

③　条理：歴史的・文化的・社会的秩序から導き出される当然の道理、筋道のこと。当該社会の良識あるいは常識でもある。裁判官は法の不存在を理由として「裁判を拒否」することはできない。「法の欠缺」（ほうのけんけつ／あるべき法が存在しない状態）が発生したときに用いられる。

9.　適用法の選択に関する主要原則

(1) 法令間においては

①　特別法優先の原則：一般法よりも特別法の方が優先的に適用される。両者の関係は相対的に決定される。例えば憲法（一般法）と民法（特別法）、民法（一般法）と商法（特別法）、刑法（一般法）と少年法（特別法）の関係である。特別の地位の者に対してのみ適用される皇室典範や国家公務員法なども特別法に該当する。

②　後法（新法）優先の原則：同じレベルの法令間では新しい法を優先的に適用する。大日本帝国憲法（旧）と日本国憲法（新）、刑法（旧）と刑法（新）など。但し、「紛争発生時に有効な法規範で当該紛争を評価する」（不遡及原則）ため、「時（とき）」を常に重視しなければならない。

(2) 同一法令内においては

原則規定と例外規定の原則：例えば私権と出生に関して、民法第 3 条（原則規定）と民法第 721 条（例外規定）。但し、「例外法（規定）はこれを厳格に解釈すべし」という解釈に関する原則によってみだりに類推解釈や拡張解釈を行ってはならない。同一条文内では「但し、／ただし、……」という但書（ただしがき）がある場合には、当該但書が例外規定となる。例えば海賊対処法（海賊行為の処罰及び海賊行為への対処に関する法律／平成 21 年法律第 55 号）第 7 条第 2 項但書。

※民法第3条第1項：「私権の享有は、出生に始まる。」

※民法第721条：「胎児は、損害賠償の請求権については、既に生まれたものとみなす。」

（3）制定法と慣習法においては

前頁の（1）及び（2）が当てはまる。

（4）憲法および国内法と条約の優先関係については

①　憲法と条約は、一般的には憲法が上位規範で条約が下位規範と理解されている。

②　条約と憲法を除く国内法は、条約が上位規範で国内法が下位規範と一般には理解されているが、両者は同格という理解もある。どちらにしても、上記の主要原則に従って優先適用が決定されるのが実情である。

（5）上記を含めて一般的な効力に関する原則

1）時に関する効力

ａ）効力の発生時期：法令は制定・公布・施行という段階を経て有効に社会生活に適用される。重要なのは公布であり、「成立した法令を国民一般に周知させるための手続き」をいい、『官報』に掲載されることで行われる。

当該法令が施行される日を施行日といい、一般には当該法令の補則・附則・施行法・施行令・施行規則などで個別に定められる。日本国憲法第100条（補則）、人身保護法の附則、民法（平成29年（2017年）法律第44号）と民法施行法（平成29（2017年）法律第45号）附則。

上記の規定がない場合は公布日より満20日経過した日（法適用通則法第2条）、地方自治法規の場合は公布日より満10日経過した日（地方自治法第16条第3項）が施行日となる。

公布日と施行日との間隔は、①当該法令の社会に及ぼす影響、②当該

法令の理解の難易度や周知の必要度、③当該法令の条文数の多寡、などで決定される。

　不文法（慣習法など）の効力発生時期は、当該不文法が法規範として認められる客観的状態が成立した時点からと解されている（裁判で示される場合が多い）。

　b）効力の不遡及原則：法令は施行日以降の事項に対して適用され、施行前の事項には適用されない。効力不遡及の原則（法律不遡及の原則）といい、法的安定性の確保を目的とする原則である。

　新法が遡及される場合もあり、当該法令の方が旧法令よりも関係者に有利に働く、既得権を侵害しない、立法政策上の強い要請がある、ときなどが当てはまる。民法附則第4条、借地借家法附則第4条のように、遡及効を認める明文規定がある場合に限られる。

　　※民法附則第4条：「新法は、別段の規定のある場合を除いては、新法施行前に生じた事項にもこれを適用する。但し、旧法及び応急措置法によって生じた効力を妨げない。」

　　※借地借家法附則第4条：「この法律の規定は、この附則に特別の定めがある場合を除き、この法律の施行前に生じた事項にも適用する。ただし（以下省略）」

　刑罰法規については、罪刑法定主義（日本国憲法第31条、第39条）によって絶対に遡及効を認めない（遡及処罰の禁止の原則／刑罰不遡及の原則）。これは憲法が保障する人権が侵害されてしまうからである。

　なお、例外として、犯罪後に刑の変更があったときは軽い方を適用する（刑法第6条）。

　　※刑法第6条：「犯罪後の法律によって刑の変更があったときは、その軽いものによる。」

　c）効力の消滅時期：法の効力は当該法令の廃止または変更によって消滅する。廃止とは有効であった法令の一部または全部が効力を失うことであり、変更とは新法の制定に伴って旧法との間で内容が矛盾する場

合には矛盾する限度で効力を失い、代わって新法が適用されることをいう。

次の場合に法は改廃される。①当該法令自体に施行期間が定められており（限時法／期限付立法という）、当該期間満了によって当然に廃止される場合、②当該法令自体が定める目的事項が消滅する場合、③新法が旧法の一部または全部を廃止することを明文で規定する場合、④同一事項について旧法と内容を異にする新法が制定されたときには「新法は旧法に優先する」という原則（後法優先の原則）が適用され、抵触する規定（旧規定）が効力を失う。民法第85条（新旧（現行規定）同じ）、民法第86条（新旧で相違、改正法では第86条の第3項が削除された）を参照。

ある事項が旧法と新法にまたがって存在する場合には、どちらの規定を適用するかを定めるのが通常である（経過規定／時際法という。附則や施行法で定められる場合もある）。日本国憲法第103条を参照。

2）場所に関する効力

a）属人主義：古くからある考え方で、「人」ごとに適用法令が異なる。ローマ帝国初期の部族法など。刑法第3条（国民の国外犯）を参照。ただし、処罰は属地主義ゆえに、国際司法共助が行われる。

b）属地主義：法令は国籍等に関係なく当該国の領域（領土）内に適用されるという考え方で、ローマ帝国時代に成立した。刑法第1条第1項を参照。現在の多くの国は属地主義を採用している。

  ※刑法第1条第1項：「この法律は、日本国内において罪を犯したすべての者に適用する。」

自国の船舶及び航空機は自国領土の延長とみなされ当該国の法令が適用される（刑法第1条第2項）。

  ※刑法第1条第2項：「日本国外にある日本船舶又は日本航空機内において罪を犯した者についても、前項と同様とする。」

国内にある外国の公館（大使館や領事館）あるいは軍事基地（米軍基地など）には特権免除が認められており（外交関係に関するウィーン条約、領事関

係に関するウィーン条約、日米地位協定）、接受国（日本国）の法令の効力は及ばない。

　国内であっても特定の地方自治体のみに適用される法令もある（日本国憲法第95条）。広島平和記念都市建設法（昭和24年（1949年）法律第219号）、横浜国際港都（こうと）建設法（昭和25年（1950年）法律第248号）、神戸国際港都（こうと）建設法（昭和25年（1950年）法律第249号）、などは憲法第95条に基づいた住民投票を経て国会で成立した特別法である。

　地方自治法規（条例など）は当該地方自治団体の区域内にのみ効力を有する。

3）人に関する効力

　a）一般的な効力範囲：属地主義に基づいて当該国の領域内の人（法人を含む）に対して効力を有する。なお、外交官や領事官、外国の元首などには特権免除があり、接受国（在留国）の法（裁判権）の適用を受けない。但し、これらの者も通常は接受国の法令を順守する。

　b）例外的な効力範囲：自国民の中でも皇室典範は皇族のみに対して、国家公務員法は国家公務員に対して適用されるように、当該人の地位などに伴って適用される特別法も多く存在する。

10.　判決、判例、判例法の関係

　判決とは、裁判所が示す個別具体的な事件に対する結論（評価）である。そのため、夫々の結論は常に異なるものになる。しかし、事件の事実関係は異なっても、争点、論点あるいは解釈問題が同一である事件は多い。つまり、事実は固有であっても、適用法規（条文）に共通性があるため、共通の解釈問題（論点、争点）を有するのである。そこで、各判決（文）の中の理由の部分に内包されている当該解釈に関する共通事項あるいは共通する解釈を抽出したものを判例という。法学研究の多くが、

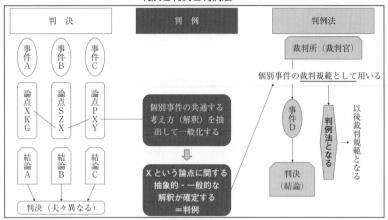

判決と判例と判例法

この判例の抽出に充てられることが多い。争点あるいは論点に関する学説とは、結局は同一解釈問題を有する多くの判決に取り入れられることによって、この判例化する作業ともいえる。当該判例がその後の同じ解釈問題を有する個別事件の裁判規範となった時点で、判例法という法規範（裁判規範）として確立するのである。

　以上を図式化すると上記のようになる。

　但し、判例を抽出するための判決は、ひとつの事件に対する判決だけでも成立する。そのため「最重要判決」という場合は、当該判決によって判例及びその後の判例法が確立する切っ掛けとなった重要性を有する個別具体的な判決を意味する。また「最重要判例」という場合は、そこで取り上げられるのは具体的な事件とそれに対する判決であるが、当該判決によって、上記のような判例及び判例法が確立したため、当該判決（文）の中の判例となる部分に注目した表現である。『判例集』とは、これと同じで、当該判例集で取り上げられているのは個々の具体的な判決（文）であるが、その中で判例を確立するに貢献した部分を見出して勉強するために付された呼称である。

11. 条文の構成

　法令は条文で構成されている法典である。条文にはすべての法令に共通する決まり事があり、条文を読む場合、あるいは条文を作成する場合に、いかなる部署の者といえども共通して守らなければならない事項である。それがあるため、当該法令が国会で作成されようが、地方議会で作成されようが、あるいは裁判所で裁判官が読もうが、大学で学生が読もうが、すべて同じ読み方になる。そのため、法律に携わる人々の間において確認しなくてもよい共通了解事項ともなっている。

　一つの条文は、下の決まり事に基づいて構成されている。

（1）条・項・号あるいは条・号の順序である。市販の『六法』あるいは『○○六法』などでは、条の次に①、②といった表記になっていることが多い。しかしこの場合でも「発音して読むとき」は①を「第1項」、②を「第2項」と発音しなければならない。第1項を①と表記したのは、単に出版社側の印刷費の削減を理由としているだけであり、全く法的根拠はない。そのため、学習者は①（まるいち）とは決して発音しては（読んでは）ならず、①と書いてあっても第1項と発音（読む）しなければならない。

　条・項・号の例として刑法第19条（没収）は次の様な構成になっている。

刑法第19条①［第1項］　次に掲げる物は、没収することができる。

　一［第1号］　犯罪行為を組成した物

　二　犯罪行為の用に供し、又は供しようとした物

　三　犯罪行為によって生じ、若しくはこれによって得た物又は犯罪
　　　行為の報酬として得た物

四　前号に掲げる物の対価として得た物

　条・号の例としては憲法第7条（天皇の国事行為）や憲法第73条（内閣の職務）など多数ある。例えば憲法第73条（内閣の職務）は次の様な構成になっている。

憲法第73条　内閣は、他の一般行政事務の外、左の事務を行ふ。

　一　法律を誠実に執行し、国務を処理すること。

　二　外交関係を処理すること。

（中略）

　七　大赦、特赦、減刑、刑の執行の免除及び復権を決定すること。

　この条のように、第1項しかない場合は、①（第1項）という表記を省略する場合が多い。また、上記のように「号」は、条及び項と異なり、具体的内容を箇条書きで提示する場合に使用されるので、号同士の間には一般的には優劣関係はない。通常は漢数字で表記される。

(2)「但書（ただしがき）」は、条文中に「ただし、……」「但し、……」と記載され、例外を表す。一つの条文の中の文（本文）は原則（本則）が最初に記載されており、それで終結する場合もある。しかし、当該原則（本則）に対して、別途独立した条を設けず、当該条の中で例外を示す場合に用いられる表記方法である。そのため、当該条文を読む場合は、まず最初に本文（原則／本則）部分を読み、要件等を理解したうえで、その中の例外として「但書（ただしがき）」を読まなければならない。決して最初に但書から読んではならない点に注意すること。

(3)　条文の但書の前の本文（本則）が複数の内容を包含する場合、前段・中段・後段あるいは前段・後段と分けられる。これは項を設けるほどの差異がない場合で、並列的事項を規定するときに用いられる。本文が複数の文に分かれている場合、第1文、第2文……第〇文というよう

に順序を表す方法も多用されている。本文（本則）が複数の文で成り
立っていても、但書とは異なるので注意すること。

(4) 条文の追加とは、第○条に新たに関連条文を追加する場合、「第○
条の2」「第○条の3」という記述となる。これ自体が一つの条であるた
め、「第○条第2項」「第○条第3項」とは全く異なるので、注意するこ
と。

　　刑法第19条の2（追徴）　前条第1項第3号又は第4号に掲げる物の
　　全部又は一部を没収することができないときは、その価値の価額を
　　追徴することができる。

(5) 条文は一般に「要件と結果」という文章構造になっている。要件
（法令で定められた条件）を満たした場合（適合した場合）は、結果（法的効
果）として具体的なことが定められている。

　　刑法第174条（公然わいせつ）　公然とわいせつな行為をした者は、六
　　月以下の懲役若しくは三十万円以下の罰金又は拘留若しくは科料に
　　処する。

　　民法第32条の2　数人の者が死亡した場合において、そのうち一人
　　が他の者の死亡後になお生存していたことが明らかでないときは、
　　これらの者は、同時に死亡したものと推定する。

12. 用　語　法

（1）または（又は）・もしくは（若しくは）

「又は」は複数の語句を並列的に並べる場合に用いる。

　A又はB、あるいは、A、B又はC、さらに、A、B、C、D又はE
というように使用される。

憲法第9条第1項　日本国民は、正義と秩序を基調とする国際平和を
　　誠実に希求し、国権の発動たる戦争と、武力による威嚇又は武力の
　　行使は、国際紛争を解決する手段としては、永久にこれを放棄する。
憲法第14条①〔第1項〕　すべて国民は、法の下に平等であつて、人
　　種、信条、性別、社会的身分又は門地により、政治的、経済的又は
　　社会的関係において、差別されない。
　「若しくは」は単純に並列化できない場合で小さな相違を表す場合に
用いる。大きな相違は「又は」で表す。A若しくはB又はCなどである。
憲法第31条（法定手続の保障）　何人も、法律の定める手続によらなけ
　　れば、その生命若しくは自由を奪はれ、又はその他の刑罰を科せら
　　れない。
刑法第199条（殺人）　人を殺した者は、死刑又は無期若しくは五年
　　以上の懲役に処する。

(2) および（及び）・ならびに（並びに）・かつ（且つ）

　「及び」「並びに」は語句を併合的に結ぶ場合に用いられる。
　単に併合的に並べるときは「及び」が用いられるが、「及び」は結び
つきが強い場合に、「並びに」は弱い場合に用いられる。
民法第86条（不動産及び動産）①〔第1項〕　土地及びその定着物は、不
　　動産とする。
民法第206条（所有権の内容）　所有者は、法令の制限内において、自
　　由にその所有物の使用、収益及び処分をする権利を有する。
憲法第62条（議院の国政調査権）　両議院は、各々〔おのおの〕国政に関
　　する調査を行ひ、これに関して、証人の出頭及び証言並びに記録の
　　提出を要求することができる。
　「且つ」「かつ」は、併合的ではあるが、「且つ」で結ばれた前後をす
べて満たさなければならないことを意味する。A、B且つCではABC
のすべてを満たさなければならない。

民法第 162 条（所有権の取得時効）①［第1項］　二十年間、所有の意思をもって、平穏に、かつ、公然と他人の物を占有した者は、その所有権を取得する。

②［第2項］　十年間、所有の意思をもって、平穏に、かつ、公然と他人の物を占有した者は、その占有の開始の時に、善意であり、かつ、過失がなかったときは、その所有権を取得する。

（3）以上・以下、超える・未満

「以上」「以下」はその数値を含む。「5 年以上の懲役」「50 万円以下の罰金」は、5 年・50 万円を含む。

民法第 814 条①［第1項］　縁組の当事者の一方は、次に掲げる場合に限り、離縁の訴えを提起することができる。（中略）

二　他の一方の生死が三年以上明らかでないとき。

公職選挙法第 9 条①［第1項］　日本国民で年齢満十八年以上の者は、衆議院議員及び参議院議員の選挙権を有する。

「超える」「未満」はその数値を含まない。訴額が「140 万円を超えない請求」には 140 万円は含まれない。未満も同じ。

裁判所法第 33 条（裁判権）①［第1項］　簡易裁判所は、次の事項について第一審の裁判権を有する。

一　訴訟の目的の価額が百四十万円を超えない請求（行政事件訴訟に係る請求を除く。）

国籍法第 17 条①［第1項］　第十二条の規定により日本の国籍を失つた者で二十歳未満のものは、日本に住所を有するときは、法務大臣に届け出ることによつて、日本の国籍を取得することができる。

※第 12 条　出生により外国の国籍を取得した日本国民で国外で生まれたものは、戸籍法の定めるところにより日本の国籍を留保する意思を表示しなければ、その出生の時にさかのぼつて日本の国籍を失う。

(4) 以前・以後・前・後

「以前」「以後」は一定の時点を含む。「前」「後」は一定の時点を含まない。

国籍法第2条（出生による国籍の取得）　子は、次の場合には、日本国民とする。（中略）

二　出生<u>前</u>に死亡した父が死亡の時に日本国民であつたとき。

国籍法第14条（国籍の選択）①［第1項］　外国の国籍を有する日本国民は、外国及び日本の国籍を有することとなつた時が二十歳に達する<u>以前</u>であるときは二十二歳に達するまでに、その時が二十歳に達した<u>後</u>であるときはその時から二年<u>以内</u>に、いずれかの国籍を選択しなければならない。

※平成30年法律第30号による改正（令和4年4月1日施行）によって、第1項中の「二十歳」を「十八歳」に、「二十二歳」を「二十歳」に改めることが確定している。

(5) 時・場合・とき

「時」は時点や時刻を表す。「場合」は主として条件または仮説的な条件を表す。「とき」は「時」と「場合」の両者を含んでいる。

国籍法第2条（出生による国籍の取得）　子は、次の<u>場合</u>には、日本国民とする。（中略）

二　出生前に死亡した父が死亡の<u>時</u>に日本国民であったとき。

刑法第27条の5（刑の一部の執行猶予の裁量的取消し）　次に掲げる<u>場合</u>においては、刑の一部の執行猶予の言渡しを取り消すことができる。（以下略）

国籍法第14条（国籍の選択）①［第1項］　外国の国籍を有する日本国民は、外国及び日本の国籍を有することとなつた<u>時</u>が二十歳に達する以前である<u>とき</u>は二十二歳に達するまでに、その時が二十歳に達した後である<u>とき</u>はその時から二年以内に、いずれかの国籍を選択

しなければならない。

（6）推定する・みなす（看做す）

「推定する」は本来の内容がわからない場合に「一応の取り決め」として用いられる。そのため、本来の内容が判明したときには、効果は消失する。

民法第772条第1項　妻が婚姻中に懐胎した子は、夫の子と<u>推定する</u>。

「みなす」は本来の内容が分かっていながら立法政策上の見地から他のものと同一に扱い、同一の法的効果を与える。

民法第753条（婚姻による成年擬制）　未成年者が婚姻をしたときは、これによって成年に達したものと<u>みなす</u>。

（7）準用する

「準用する」とは、ある事項について定めている規定を、類似する他の事項に必要ならば修正をしたうえで適用すること。

刑法第251条（準用）　第242条［他人の占有等に係る自己の財物］、第244条［親族間の犯罪に関する特例］及び第245条［電気］の規定は、この章の罪［詐欺及び恐喝の罪］について<u>準用する</u>。

（8）例による・なお従前の例による

「例による」とは、ある事項に関してそれとは本質的に性質の異なる事項に係る制度全般を拝借して、当該制度と同じような扱いをすること。

借地借家法改正附則第5条（借地上の建物の朽廃［きゅうはい］に関する経過措置）　この法律の施行前に設定された借地権について、その借地権の目的である土地の上の建物の朽廃による消滅に関しては、<u>なお従前の例による</u>。

※朽廃（きゅうはい）とは朽（く）ちて役に立たなくなること。

13. 法の解釈——解釈の種類と方法

　成文法は文章（用語）で法規範の内容を表現しているため、現実社会の変化、地域や経験によって、当該文章（用語）が社会事情に適合しなくなったり、同一の意味を持つとは限らないという短所がある。そのため解釈という、文章（条文・用語）の意味を明確に確定する作業が必要となる。これは、慣習法や判例法にも発生するが、特に成文法に顕著な特徴である。

　解釈は主に有権解釈と学理解釈（論理解釈）に分けられる。

(1) 有 権 解 釈
　法令によって解釈権限を与えられている国家機関によって行われる解釈であり、以下のように分類される。

1）立法解釈（法定解釈・法規的解釈）
　立法時に行われる（確定する）解釈

a）解釈に関する一定の基準を示す方法（解釈規定）：民法第 2 条、地方自治法第 2 条第 12 項、破壊活動防止法第 2 条

　※民法第 2 条（解釈の基準）：この法律は、個人の尊厳と両性の本質的平等を旨として、解釈しなければならない。

b）法令中（条文）で定義（解釈）を示す方法：三種類に分けられる

① 同一法令中に解釈規定が設けられる場合：民法第 85 条、刑法第 7 条第 1 項

　※刑法第 7 条第 1 項：この法律において「公務員」とは、国又は地方公共団体の職員その他法令により公務に従事する議員、委員その他の職員をいう。

② 附属法規に解釈規定が設けられる場合：民法第 467 条第 2 項→民

法施行法第 5 条第 1 号〜第 6 号

※民法第 467 条第 2 項（債権の譲渡の対抗要件）：前項の通知又は承諾は、
　確定期日付のある証書によってしなければ、債務者以外の第三者に対抗
　することができない。

※民法施行法第 5 条第 1 号：公正証書ナルトキハ其日付ヲ以テ確定日付ト
　ス

③　法文（条文）の中に適例が挿入される場合：民法第 33 条第 2 項、
　借地借家法第 33 条第 1 項

※民法第 33 条第 2 項（法人の成立等）：「学術、技芸、慈善、祭祀［さいし］、
　宗教その他の公益を目的とする法人、営利事業を営むことを目的とする
　法人その他の法人の設立、組織、運営及び管理については、この法律そ
　の他の法律の定めるところによる。」

※この立法解釈はそれ自体が法規範であるため、絶対的に従わなければな
　らないが、上記の理由によって当該解釈法規そのものも解釈の対象にな
　る。

2）行 政 解 釈

　行政官庁が法令の執行にあたり自発的に行う解釈あるいは上級官庁が
下級官庁に対して発する訓令・通達・指示などの形式で行う解釈。

　訓令・通達・指示は行政機関内部の命令であるため法としての性質を
有さない。政令や省令などの命令が法律の委任を受けて解釈を行う場合
（憲法第 73 条第 6 号）以外には国民や裁判所を拘束しない。しかし現実の
社会生活に適用されるため、当該行政解釈に異議があれば、不服申立制
度や裁判によって当該解釈の妥当性を争うことができる。つまり裁判所
は当該行政解釈の有効性を審査できる。

※不服申立制度として、例えば国税に関する法律に基づく処分について審
　査請求を行うことができる国税不服審判所があり、財務省設置法（平成
　11 年 7 月 16 日法律第 95 号）第 22 条に基づいて国税庁に設置された機関
　である。但しこれは後述の「14.　日本の裁判制度」における司法裁判

所ではない点に注意しなければならない。

3）司法解釈

裁判所が具体的な事件を審理する際に行う解釈で、判決文の中に表現される。

同一事件の場合は上級審が下級審よりも優先する（三審制）。しかし、司法解釈は特定事件を前提とした解釈であるため、絶対的な効力を有するものではなく、最高裁自身が当該解釈を変更することができる。これが判例研究の主眼となる。

(2) 学理解釈（論理解釈または無権解釈ともいう）

純粋に学問的立場から行う解釈で、司法解釈や行政解釈あるいは立法時に取り入れられることで影響力を持つ。

1）文理解釈（文言解釈）

法文（条文）或いは用語を通常の意味（日常生活上の常識的意味）で解釈することで、解釈の基礎となる。「犬は犬であり猫ではない」というような当たり前の解釈でもある。

ただし、立法技術上の要請で、いわゆる専門用語は日常生活上の意味とは異なる点に注意が必要。

〈例：他にもあるので注意〉
◦ 人：権利義務の帰属主体で自然人と法人
◦ 物：有体物（空間の一部を占めて有形的な存在を有するもの）、権利の客体とされる外界の一部
◦ 故意：刑法上は罪を犯す意思、私法上は自己の行為から一定の結果が発生することを知りながら当該行為を行うこと
◦ 過失：不注意、一定の結果が発生することを認識していない状態
◦ 善意：ある事情を知らないこと
◦ 悪意：ある事情を知っていること

◦推定する：反証がない限り、ある事項について法が一定の意味に認
　　　定すること
　　◦みなす：ある事項についての法の認定だが、反証によって覆されな
　　　い

2）論 理 解 釈

　a）拡張解釈：拡大解釈ともいう。文章や用語の範囲内で、法の目的
に照らして内容を拡張して解釈すること。民法第233条第2項の「竹
木」には他の植物も含まれる。

　　※民法第233条第2項：「隣地の竹木の根が境界線を越えるときは、その
　　　根を切り取ることができる。」

　刑法では人権を侵害する恐れがあるので原則として拡張解釈は行われ
ないが、刑法第175条第1項（わいせつ物頒布等）の「陳列」には、映画
を映すことも含まれると解釈するなど。

　b）縮小解釈：拡張解釈の反対で、通常の意味よりも範囲を縮小して
解釈すること。刑法第199条の「人」には自己は含まない。刑法第235
条の「財物」には不動産は含まない（不動産は第235条の2）など。

　　※刑法第199条：「人を殺した者は、死刑又は無期若しくは五年以上の懲
　　　役に処する。」

　　※刑法第235条：「他人の財物を窃取した者は、窃盗の罪とし、十年以下
　　　の懲役または五十万円以下の罰金に処する。」

　c）変更解釈：補正解釈ともいう。条文や用語を通常の意味で解釈す
ると法の目的や期待に反することが明らかな場合に、これを変更して行
う解釈。民法第276条の「請求」、借地借家法第33条第1項の「請求」
は、日常では「正当な権利として求めること」を意味し、そこには請求
者に当該権利があるという相手方の意思（同意）があって使用されるが、
上記条文では「告知」（当該意思を必要としない一方的な行為）という意味で
解釈される。

※民法第 276 条：「永小作人が引き続き二年以上小作料の支払を怠ったと
　　きは、土地の所有者は、永小作権の消滅を請求することができる。」
　※永小作権とは、小作料を支払って他人の土地において耕作又は牧畜をす
　　る権利をいう（民法第 270 条）
　また条文の誤記の場合にも用いられることが多い（「市長」であるべきを
「村長」とするなど、合併前の意識で誤記するなど）。
　d）反対解釈：条文あるいは用語の反対の事項を肯定する解釈。民法
第 737 条第 1 項で未成年でなければ（成人であれば）父母の同意は必要な
い、とする解釈。刑法では罪刑法定主義の観点から頻繁に使用される。
刑法第 199 条の「人を殺した者は」では殺害したものが「人でない」場
合は適用されない。
　※民法第 737 条第 1 項：「未成年の子が婚姻をするには、父母の同意を得
　　なければならない。」
　e）類推解釈：ある事項に関する明文規定がない場合に、他の類似す
る事項に適用して解釈すること。私法では、合目的性、論理的整合性が
あると類推解釈が用いられるが、刑法では類推解釈は禁止されている。
法令が類推解釈を予定している場合は、「準用する」という表現を用い
ることが多い。民法第 709 条では不法行為による損害賠償を定めている
が範囲を定めていない。そこで民法第 416 条の債務不履行に関する規定
を類推適用して、同じような扱いにする。
　※民法第 709 条：「故意又は過失によって他人の権利又は法律上保護され
　　る利益を侵害した者は、これによって生じた損害を賠償する責任を負
　　う。」
　※民法第 416 条第 1 項：「債務の不履行に対する損害賠償の請求は、これ
　　によって通常生ずべき損害の賠償をさせることをその目的とする。」
　※上記は、相手に一定の行為（損害を賠償する）を要求する［債権］（又は
　　要求される［債務］）という点で共通性があるため類推が可能になってい
　　る。

f） **勿論解釈**（もちろんかいしゃく）：明文が無い場合であっても、立法精神に鑑みて明文がある場合と同様に解釈する。憲法第9条第1項の「国際紛争」がない場合は勿論のこと「武力による威嚇又は武力の行使」は放棄される。民法第738条の成年被後見人よりも意思能力において不十分さの少ない被保佐人は、（明文規定はないが）勿論のこと保佐人の同意を得ずに婚姻できる。

　　※民法第738条：「成年被後見人が婚姻するには、その成年後見人の同意を要しない。」

（3）目的論的解釈

　法の目的や、基本的な思想などに配慮しながら合目的的に解釈すること。立法者意思説と法律意思説の対立があるが、後者が通説。但し、まずは立法者意思説に依り、それによる解釈が不当な場合は法律意思説に依ることが妥当である。但し、立法者意思説では当該立法者の時代背景等によって立法意思の内容が限定されることもあるため、時代や社会の変化にそぐわないことも生じる。それゆえに法律意思説も重視しなければならない。

（4）歴史的解釈（沿革的解釈）

　制定法の立法過程や議事録などの資料（立法資料）を通して、法令・条文・用語の内容を確定する解釈。

　以上の解釈は絶対的なものではなく、禁止されているものを除いて、具体的妥当性や一般的な確実性を調和させながら行わなければならない。

14. 日本の裁判制度

（1）裁判所の種類

　日本国憲法に基づく裁判所として、簡易裁判所、家庭裁判所、地方裁判所、高等裁判所（知的高等裁判所を含む）、最高裁判所が設置されている。それぞれの特徴を示すと次のようになる。

1）簡易裁判所

　簡易裁判所は、少額軽微な事件を取り扱う。民事事件では訴額140万円を超えない場合に、刑事では罰金以下の刑または3年以下の懲役刑を超えない場合に、第一審を担当する（裁判所法第33条第1項第1号、第2号）。但し、140万円を超えなくても不動産に関する場合は地方裁判所にも訴えることができる（競合管轄）（裁判所法第24条第1項第1号）。更に訴額が60万円以下の場合には、少額訴訟制度による簡易迅速な手続きが定められている（民事訴訟法第368条）。簡易裁判所は、自らの裁量で、申立により又は職権で、訴訟の全部又は一部を、その所在地を管轄する地方裁判所に移送することができる（民事訴訟法第18条）。その他、民事事件については、訴訟とは別に、話し合いで解決するための「調停」制度がある（民事調停法第1条）。刑事事件では、略式手続も担当する（刑事訴訟法461条以下）。

2）家庭裁判所

　家庭裁判所は、離婚・婚姻取消・認知等の身分関係の形成・確認を目的とした人事訴訟（判決手続／人事訴訟法第2条）、家事審判（決定手続／家事事件手続法第39条・別表1及び2）、家事調停（家事事件手続法第244条・人事訴訟法第2条・家事事件手続法別表2（別表1を除く）等）、刑事事件（少年事件の審判、少年の福祉を害する成人の刑事事件）を扱う。調停は、原則として訴訟や審判に先立って行われ、そのためこれを「調停前置主義」という。

3）地方裁判所

　地方裁判所は、民事事件では訴額が 140 万円を超える請求及び訴額の算定ができない請求（民事訴訟法第 8 条第 2 項）、刑事事件では罰金以下の刑以外の罪、行政事件では訴額とは無関係にほぼすべて（裁判所法第 33 条第 1 項第 1 号）を特に扱う。

4）高等裁判所

　高等裁判所は原則として第二審であるが、場合によっては第一審あるいは第三審になることがある。高等裁判所は全国 8 ヵ所に本庁が置かれているほか、6 ヵ所に支部が設けられているが、特別の支部として、東京高等裁判所に知的財産高等裁判所が設けられている（知的財産高等裁判所設置法第 2 条）。地方裁判所の第一審判決に対する控訴審、特許庁の審決による準司法的手続を経て行われる第一審を担当する（特許法第 178 条等）。このように行政機関による手続を前置しつつ、知的財産等の専門的な知見を要する内容の判断が当該裁判所には求められている。

5）最高裁判所

　最高裁判所は憲法によって設置された司法権の最高機関である。長たる裁判官（最高裁判所長官）とその他の裁判官 14 人（最高裁判所判事）の合計 15 人によって構成される（憲法第 79 条第 1 項、裁判所法第 5 条）。この 15 人すべてで構成される大法廷と 5 人ずつで構成される 3 つの小法廷がある。

　最高裁判所は、上告審・抗告審について裁判権を有するほか、国家公務員法第 9 条に基づいて人事官の弾劾に関する第一審かつ終審としての裁判権を有する。最高裁判所には、憲法第 81 条「一切の法律、命令、規則又は処分が憲法に適合するかしないかを決定する権限を有する終審裁判所である。」という規定に基づいて違憲審査権（違憲法令審査権）が付与されている。民事事件では、憲法違反、憲法解釈の誤り、手続上の問題（民事訴訟法第 312 条）に必ずしも制限されているわけではなく、判例違反やその他法令解釈で重要な事項を含む場合も上告理由に含む。刑

事事件では、憲法違反、憲法解釈の誤り、判例違反を上告の理由とする（刑事訴訟法第405条）だけではなく、判決に影響を及ぼすべき法令の違反、刑の量定が甚しく不当、判決に影響を及ぼすべき重大な事実誤認等を理由に判決で原判決を破棄することができる（刑事訴訟法第411条）。

(2) 紛争解決方法

　ところで、現代社会では、何らかの事件や紛争が生じた場合、当事者同士による話し合いで解決できればよいが、できない場合であっても当事者が直接的な力を利用して解決を図ることは禁止されている。それは私的復讐の禁止あるいは私的報復の禁止と呼ばれている。現在の民法では「自力救済」、刑法では「自救行為」とされ、直接的な明示規定はないが、原則として禁止されている。

　　※刑法第36条では「急迫不正の侵害に対して自己又は他人の権利を防衛するため、やむを得ずにした行為は、罰しない。」と規定し、私人による直接的な力の行使を正当防衛として例外的に認めている。民法では自力救済を規定した条文はない。

　紛争が生じた場合、例えば民事事件では当事者間での話し合いが基本となる。これを民法第695条は「和解」と規定している。一般には「示談」とも言われる。当事者間で解決できない場合、公的機関が用意する「裁判等」の紛争解決制度に委ねることになる。この「等」には、裁判以外の、第三者の判断によって紛争の解決を図る「仲裁」と「調停」がある。この両者の相違は、第三者の判断に拘束力を認めるか否かにある。「仲裁」は事前にその結果に従うという合意を行ったうえで利用する制度であり、「調停」はその様な合意を経ずに解決を図る試みである。その他には、市民相談室等で行政上の「苦情申立」を受理し、必要な措置をとる「相談」（苦情処理）がある。また、紛争の処理にとどまらず、実効的な解決手段として、強制執行や仮差押えといった民事執行や、当該執行に先立って仮に係争物等の地位を定める民事保全もある。

ここで取り扱う「裁判」という用語は、「判決」「決定」「命令」という裁判所による判断（評価）の総称である。判決とそれ以外との違いは、原則として口頭弁論を経る判断形式（審理・評価形式）であるか否かにあり、民事訴訟法第87条第1項、第249条第1項および刑事訴訟法第43条がこのことを規定している。「口頭弁論」は、準備書面に基づき、当事者が口頭で自己の見解（正義）を主張する、主要事項の判断に必要な行為であり、口頭弁論での主張のみが判断（評価）材料となる。これを「必要的口頭弁論の原則」と言う。更に、判決は、「終局判決」と「中間判決」に大別される。終局判決は、争点となる請求の全部又は一部についてなされるが、中間判決は終局判決を準備するためになされるもので、それ自体に対する独立した不服申立はできない。これに対して、「決定」及び「命令」での口頭弁論は任意であり（任意的口頭弁論）、簡易な裁判（評価）である。

　※民事訴訟法第87条第1項但書、刑事訴訟法第43条第2項参照。

　決定あるいは命令は、迅速に判断（評価）するために、手続派生的な事項などを主要事項から分離する。また決定と命令の相違として、決定が組織としての裁判所の判断であるのに対して、命令は裁判所を代表する個々の裁判官の資格に基づく判断である。判決の場合、その言い渡しによって裁判所自身が拘束され、当該判決の修正は制限されている。これを「判決の自縛力（自己拘束力）」と言うが、決定・命令には自縛力はなく、いつでも取り消すことができる（民事訴訟法第120条）ことになっている。民事裁判では、民事訴訟法第137条における訴状却下命令がこの非自縛性に該当し、刑事裁判では、刑事訴訟法第339条第1項の決定による公訴棄却がこれに該当する。

　以上の裁判による判断（評価）の目的は、社会関係における利害衝突の調整にある。この裁判には、民事事件及び家事事件、刑事事件、そして行政事件の種別がある。民事事件及び家事事件は私人間関係、刑事及び行政事件は私人対国家（または地方公共団体）関係を調整する。

さらに民事事件には、いくつかの類型がある。貸金請求や損害賠償請求などに対する目的物などの引渡しを扱う「給付訴訟」、土地の所有権者や借金のような債務の存在を確認する「確認訴訟」、離婚訴訟のように裁判所によって一定の権利関係の変動が行われる「形成訴訟」の三種である。またこれらとは別に、離婚や親権、相続など、家族法における基本的な身分関係の確定あるいは形成を扱う「人事訴訟（家事訴訟）」、企業活動に関する争いを扱う「商事訴訟」といった分野別の類型もある。

　一方、刑事事件は殺人事件や強盗事件等を扱うが、検察官による訴え（公訴）の提起によって開始し、被告人との間で犯罪の証明と量刑（刑罰の程度を決定すること）が争われる。刑罰を科すことは人の生命、自由、財産に重大な影響を与えるため、法律の定める刑（罪刑法定主義）と手続が要求される。当該手続は、刑に関する実体法規上の要件を必要とするが、訴訟条件の欠如を事由に打ち切られる場合もある。例えば刑事訴訟法第257条は、第一審の判決が出るまでに検察官による公訴取消を認めており、その場合には裁判所は公訴を棄却しなければならない（刑事訴訟法第339条第1項第3号）。当該取消制度は、一定の条件の下で検察官の裁量で起訴猶予を認める「起訴便宜主義の原則」と結びついている（刑事訴訟法第248条）。

　　※刑事訴訟法第248条「犯人の性格、年齢及び境遇、犯罪の軽重及び情状並びに犯罪後の情況により訴追を必要としないときは、公訴を提起しないことができる。」

　検察官の当該裁量権は公訴権の濫用との関係でも問題となるが、刑事事件は話し合いによる解決ができない点で民事事件と異なる性質を有する。また事案によって、略式手続があるほか、20歳未満の未成年者（少年）の場合、少年法に基づいた手続がある。

　行政事件の訴訟手続は行政事件訴訟法に定められている。同法第3条第1項は、国や地方公共団体といった行政庁の公権力の行使・不行使への不服申立ての訴訟類型を定める。その代表例が「取消訴訟」であり、

行政機関による許認可などの「処分の取消」を争うものである。行政事件訴訟法は、行政処分に対する訴えの範囲を予め制限すること（制限列挙方式）はしておらず、その範囲を例示するにとどめている（概括例示方式）。また、行政作用から私人の利益を保護するという視点から、行政救済法の体系の中に行政事件訴訟法を位置付けることもできる。即ち、問題の解決と補償に関して、解決面として、司法上と行政上の解決方法が用意されている。前者（司法上の解決方法）は、行政事件訴訟法等による裁判での解決であるが、後者（行政上の解決方法）は、行政不服審査法等に基づく解決であり、行政訴訟に至る前の簡易迅速な解決方法であるため、不服申立人と裁判所の双方にとって負担を軽減させる効果を有する。次に補償面では、国家補償法上の行政作用による損害又は損失の補塡問題がある。故意又は過失による違法に起因する行政作用に対しては、国家賠償法等が補償し（国家賠償法第1条第1項）、適法に起因する損失補償（例えば公共事業のための土地の収用等）に対しては、一般法はないが、通説・判例では憲法第29条第3項に基づいて請求できると理解されている。

　※憲法第29条第3項「私有財産は、正当な補償の下に、これを公共のために用ひることができる。」

（3）裁判組織の仕組み：三審制

　憲法第76条第1項は、裁判所の種類を「最高裁判所及び法律の定めるところにより設置する下級裁判所」に大別している。この条文にいう法律とは裁判所法であり、その第2条で「高等裁判所、地方裁判所、家庭裁判所及び簡易裁判所」の四種類を下級裁判所として規定している。公正な裁判を確保するため、当事者は、異なる審級の裁判所で合計三回の審理を受けることができ、これを三審制という。各審級を管轄する裁判所は、原則として下記の通りである。

　第一審裁判所は、地方裁判所であり、管轄が競合する場合もあるが、

他の裁判所の専属管轄（専属裁判）以外の事件を取り扱う（裁判所法第33条、民事訴訟法第8条第2項、裁判所法第24条第1号）。簡易裁判所は、最下級の裁判所として、民事と刑事について少額軽微な内容を原則として取り扱う。家庭裁判所は、地方裁判所と同等の地位にあるが、取り扱う事件は家事事件（相続や離婚など）や少年の保護事件である。これらの第一審裁判所の裁判を起点として、上級審への不服申立が認められている。裁判の結果が確定する前に上級審に行う不服申立を上訴という。上訴には、第二審への控訴と第三審への上告がある。決定・命令に対する上訴としては抗告制度が認められている。抗告は、裁判の派生的事項への決定・命令に対する上訴であり、最終的な判決（終局判決）の前に簡易迅速な上訴を可能にするものであり、加えて、終局判決に至らない、訴訟の打ち切りが決定・命令によって下される場合に、この抗告がなされる。

　第二審裁判所は、高等裁判所である（裁判所法第16条）。民事事件では第一審（地方裁判所・簡易裁判所・家庭裁判所）判決に対する控訴の、第一審（地方裁判所・家庭裁判所）での決定・命令に対する抗告、刑事事件では第一審（いずれの裁判所）判決に対する控訴を扱うが、抗告については法によって認められていない事項を除いて扱う。また、民事事件に関しては、地方裁判所が簡易裁判所の民事判決に対する控訴審第二審裁判所として、及び決定・命令に対する抗告審となっている。

　第三審裁判所は最高裁判所である。最高裁への上訴に関しては、民事事件では高等裁判所の控訴審判決に対する上告・上告受理の申立（民事訴訟法第312条、第318条）、高等裁判所の抗告審に対する特別抗告・許可抗告（民事訴訟法第336条第1項、第337条）、刑事事件では高等裁判所判決に対する上告（刑事訴訟法第405条）、抗告審・準抗告審（刑事訴訟法第429条以下）に対する特別抗告（刑事訴訟法第433条第1項）が認められる。また高等裁判所も第三審裁判所となる場合がある。それは民事事件における地方裁判所の控訴審判決に対する上告審、抗告裁判所（簡易裁判所の決定・命令に対する抗告裁判所としての地方裁判所）に対する再抗告（刑事事件で

はできない）を扱う（民事訴訟法第330条）。上告が憲法違反等を理由とするのに対し、上告受理の申立は、上告理由が判例違反やその他法令解釈で重要な事項を含む場合に当該訴えの受理・不受理が決まる。各種の抗告については、下記の通りである。

　特別抗告（違憲抗告）は憲法違反を理由とする抗告であり、通常の不服申立ができない決定や命令に対してなされる（民事訴訟法第336条、刑事訴訟法第433条）。前提として、例えば勾留などに関する裁判所の決定に不服がある場合に、簡易裁判所の裁判官に対しては地方裁判所に、その他の裁判官に対してはその裁判官所属の裁判所に抗告できる（これは同一審級内であるため、厳密には上訴ではない）。条文上の用語ではないがこれを「準抗告」と言う。民事事件では、特別抗告に加えて、許可抗告の制度があり、高等裁判所の許可によって最高裁判所に抗告が認められている（民事訴訟法第337条）。許可の基準は、憲法違反を理由とするものではなく、判例違反その他の法令の解釈に関する重要な事項を含む場合である。再抗告については、簡易裁判所を第一審として、地方裁判所への抗告を経て、当該決定に対する再度の抗告が高等裁判所になされることをいう（民事訴訟法第330条）。これらの違いに加えて、抗告期間については、定めのない「通常抗告」と定めのある「即時抗告」がある。

　以上のように、日本においては原則としての三審制を中心に二審制や四審制となる場合もある。二審制となる場合としては、第一審判決が高等裁判所となる場合である。当該判決に対する不服申立が最高裁判所への上告となる場合が該当する。例えば、選挙又は当選の効力に関する行政訴訟（公職選挙法第203条、第204条、第207条）、内乱罪等に関する刑事事件（裁判所法第16条第4号、刑法第77条、第79条）等のように、種々の法律で個別に定められている。四審制となる場合としては、第一審裁判所が簡易裁判所の場合である。地方裁判所への控訴、高等裁判所への上告、そして第四審としての最高裁判所への特別上告となる場合が該当する（民事訴訟法第327条）。これは確定判決に対する不服申立であり、上訴に

は含まれず、憲法問題を理由に、通常はできない2回目の上告を可能にする制度である。このような上訴制度には含まれない他の制度として、再審（上訴の認められない確定した、終審に対する訴え）がある（民事訴訟法第338条第1項、刑事訴訟法第435条以下）。

　上訴制度については、他に飛越上告（飛躍上告、跳躍上告）がある。飛越上告は、民事事件では当事者間に合意のある場合に、第一審判決（簡易裁判所又は地方裁判所）に対して、簡易裁判所の判決には高等裁判所に、地方裁判所の判決には最高裁判所に、控訴審を経ずに上告できる（民事訴訟法第311条第2項、第281条第1項但書）。刑事事件では、一定の条件の下で第一審判決（簡易裁判所又は地方裁判所）から控訴審を経ずに最高裁判所へ上告できる（刑事訴訟法第406条）。

（4）裁判員制度

　日本の裁判は、裁判官、弁護士、検察官の法曹三者によって行われるが、一般の国民の司法参加制度として2009年（平成21年）5月21日に施行された「裁判員制度」がある。裁判員制度に関する法律として「裁判員法」（裁判員の参加する刑事裁判に関する法律）が制定され、その第1条は「国民の中から選任された裁判員が裁判官と共に刑事訴訟手続に関与することが司法に対する国民の理解の増進とその信頼の向上に資する」と目的を明記している。当該制度は、特定の刑事事件の第一審において有罪か無罪か（事実認定を含む）、有罪の場合には量刑を裁判官と決める制度である（裁判員法第6条）。但し法令解釈や訴訟手続の判断は裁判官が行う。

　諸外国では陪審制と参審制を採用している国もある。陪審制は、有罪か無罪かについては陪審員のみが行い、法解釈と量刑は裁判官が行う制度であり、英米等で採用されている。参審制は、裁判官と参審員によって有罪か無罪か、量刑、法解釈を行う制度であり、独仏伊等で採用されている。日本の裁判員制度は、裁判員と裁判官によって行われるという

点では参審制と同じであるが、法解釈を裁判員は行わない点が参審員とは異なる。

任期については、裁判員と陪審制は事件ごとに選任されるが、参審制は任期制を採用している。

1）裁判員制度の対象事件

裁判員裁判は、地方裁判所（第一審）の刑事事件で用いられ、裁判員法第2条第1項第1号及び2号に該当する罪が対象事件となる。第1号は「死刑又は無期の懲役若しくは禁錮に当たる罪に係る事件」である。具体的には、殺人、強盗致傷（強盗が人に怪我をさせた場合）、現住建造物等放火（人の住む家に放火した場合）が該当する。第2号は、第1号に規定された罪を除いた罪を規定しており、死刑又は無期若しくは短期一年以上の懲役若しくは禁錮に当たる罪（裁判所法第26条第2項第2号）で、故意の犯罪行為により被害者を死亡させた罪に係るものである。具体的には、傷害致死（人に怪我をさせ、死亡させた場合）、危険運転致死（飲酒運転で人をひき、死亡させた場合）、保護責任者遺棄致死（子供に食事を与えず、放置し、死亡させた場合）等の罪が対象となっている。但し、過失の場合や死亡しなかった場合は、非対象事件となる。他には、内乱罪（刑法第77条）は、第一審が地方裁判所ではなく高等裁判所の専属管轄となるため、非対象事件となる。加えて、訴因の変更によって、対象事件が非対象事件となり、非対象事件が対象事件となることもある。

対象事件となるにもかかわらず、除外される（非対象事件となる）場合もある。ひとつは、裁判員（その家族や候補者等を含む）に危害が加えられるおそれ等が存在する場合である（裁判員法第3条）。他には、平成27年の法改正によって追加された規定であるが、公判前整理手続で争点整理がなされても、審判に要すると見込まれる期間が著しく長期にわたる場合である（裁判員法第3条の2）。

2）合議体の構成

裁判員法第2条第2項は、裁判員と裁判官による合議体の構成につい

て定める。即ち、裁判官3人（裁判長1人を含む）、裁判員6人の合計9人の合議体が原則となっている。但し、一定の条件下では、裁判官1人、裁判員4人の小合議体の場合もある。小合議体が用いられるのは、当事者に異議がなく、公判前整理手続における争点及び証拠の整理において公訴事実についての争いがないと認められ、事件の内容その他の事情を考慮して適当と認められる場合である（裁判員法第2条第3項、第4項）。

3）裁判員の選任資格

裁判員は、裁判員法第13条で「衆議院議員の選挙権を有する者の中から」選任される。但し、裁判員法は欠格事由（裁判員になることができない理由）を第14条で、就職禁止事由（裁判員の職務に就くことができない理由）を第15条で規定している。欠格事由としては例えば義務教育を終了していない者、禁錮以上の刑に処せられた者、心身の故障のため裁判員の職務の遂行に著しい支障のある者などが掲げられている。また就職禁止事由として例えば、国会議員、大学における法律学の教授、自衛官、地方自治体の長、弁護士・司法書士などである。

裁判員法第16条は辞退事由（裁判員になることを辞退することのできる理由）を規定している。例えば年齢70歳以上の者、大学生等、裁判員経験者（過去5年以内に）、親族を介護する者、被災者等が該当する。その他に第17条及び第18条では不適格自由を規定している。例えば当該事件の被告人または被害者、事件の告発者、鑑定人や証人、不公平な裁判をするおそれのある者などである。

4）裁判員の選任手続

裁判員は、選挙人名簿をもとに、くじで選定される（裁判員法第13条および第21条第1項）。具体的には、まず、地方裁判所が毎年9月1日までに、次年に必要な裁判員候補者の員数をその管轄区域内の市町村に「割り当て」、これを市町村の選挙管理委員会に「通知」しなければならない（裁判員法第20条）。通知を受けた選挙管理委員会は、選挙人名簿から必要な員数の者を「くじで選定」しなければならない（裁判員法第21

条第1項)。市町村の選挙管理委員会は、その選定結果をもとに「裁判員候補者予定者名簿を調製」しなければならない（裁判員法第21条第2項）。当該名簿は、該当の地方裁判所にその年の10月15日までに「送付」される（裁判員法第22条）。送付された名簿をもとに、地方裁判所は、「裁判員候補者名簿を調製」する（裁判員法第23条第1項）。当該名簿に基づき、地方裁判所は、候補者に選ばれた旨を「通知」しなければならない（裁判員法第25条）。その際、「調査票」によって、辞退できる者等に該当しないか否か予め調査できる（裁判員の参加する刑事裁判に関する規則第15条）。この点について、返送の義務や罰則はない。

　対象事件を審理する地方裁判所は、裁判員候補者名簿から「呼び出すべき裁判員候補者をくじで選定」しなければならない（裁判員法第26条第3項）。そのため当該地方裁判所は、裁判員選任手続を行う期日を定めて、「候補者を呼び出さなければならない」（裁判員法第27条第1項）。呼出しは「呼出状の送達」によってする（裁判員法第27条第2項）。呼出状には、出頭すべき日時、場所、呼出しに応じないときは過料に処せられることがある旨が記載される（裁判員法第27条第3項）。呼出しを受けた候補者は、裁判員選任手続の期日に「出頭」しなければならない（裁判員法第29条第1項）。なお、出頭した際にかかる旅費、日当及び宿泊料は支給される（裁判員法第29条第2項）。また、前述の予備的な調査票とは別に、再度、「質問票」によって出頭の負担軽減等を図っている（裁判員法第30条第1項）。調査票とは異なり、質問票については、虚偽記載に対する罰則がある（裁判員法第110条・第111条）。

　出頭後における選任手続の方式は、裁判官・裁判所書記官、検察官、弁護人が同席し、非公開で実施される（裁判員法第32条第1項・第33条第1項）。裁判所は「質問手続」による「不選任の決定」を行い（裁判員法第34条）、くじその他の作為が加わらない方法で、出頭した裁判員候補者で不選任の決定がされなかった者から、裁判員を「選任する決定」をしなければならない（裁判員法第37条）。

5）評議・評決の方法

　審理に先立って裁判所は、対象事件を公判前整理手続に付さなければならない（裁判員法第49条）。これにより争点が整理される。というのも、裁判員の負担が過重なものとならないようにしつつ、審理を迅速でわかりやすいものにできるからである（裁判員法第51条）。また、審理に2日以上を要する事件については「連日開廷」をできる限り求めることで、裁判員の負担軽減が図られている（刑事訴訟法第281条の6）。

　審理に際して選任された裁判員は、事実認定や有罪・無罪を決する法令の適用に関する事項について、証人に尋問し、被告人に質問できる（裁判員法第56条〜第59条）。「評議」（合議体の構成員が意見を交換し、相談すること）は、構成裁判官と裁判員によって行われ、「評決」（評議した結果に基づき合議体としての意見を決めること）は、構成裁判官及び裁判員の双方の意見を含む合議体の員数の過半数の意見によって決する（裁判員法第66条第1項・第67条第1項）。法令解釈や訴訟手続に関する評議は構成裁判官のみによって行われるが、裁判員に当該評議の傍聴を許し、裁判員の意見を聴くこともできる（裁判員法第68条）。

6）裁判員の義務及び保護

　裁判員は評議の秘密その他の職務上知り得た秘密を漏らしてはならない（裁判員法第9条・第70条）。また労働者が裁判員の職務を遂行するために休暇を取得したことその他裁判員であること又はこれらの者であったことを理由として、当該労働者を解雇その他不利益な取扱いをしてはならない（裁判員法第100条）。加えて、裁判員やその予定者の氏名、住所その他の個人を特定するに足りる情報を公にしてはならない。これらであった者の氏名、住所その他の個人を特定するに足りる情報についても、本人がこれを公にすることに同意している場合を除き、同様とする（裁判員法第101条）。他にも、裁判員又は選任予定裁判員に何人も接触してはならないことが規定されている（裁判員法第102条）。このように、裁判員に対する不利益取扱の禁止、個人情報の保護、接触の規制が規定さ

れている。

7）判決の宣告

「判決の宣告」のときに裁判員の出頭を義務付けるが、出頭しないことは、判決の妨げとはならない（裁判員法第63条）。裁判員の任務は、当該宣告によって終了する（裁判員法第48条）。判決書は、裁判官によって作成される（刑事訴訟規則第54条）。これ以後の控訴審に関する規定はなく、通常通り高等裁判所において裁判官による審理がなされる。

補 説 編

社会契約説 （ホッブズとロック）

　社会契約論の説明（法学入門編「3. 現段階における前提——モデル理論としての社会契約説」）でホッブズ流の自然状態を闘争状態とする考え方を採り上げたが、異なる考えを持つロックがいるのに、何故にロックは採り上げなかったのか？ それはホッブズとロックの社会契約論（説）との間に相違があるからである。

　トマス・ホッブズ（Thomas Hobbes 1588-1679）もジョン・ロック（John Locke 1632-1704）も共にイギリスの学者であったが、ホッブズの生きた時代は三十年戦争（1618-1648）の真っただ中であったといってよく、ヨーロッパ大陸だけでなくイギリスの社会も相当に混沌としていた状況であった。

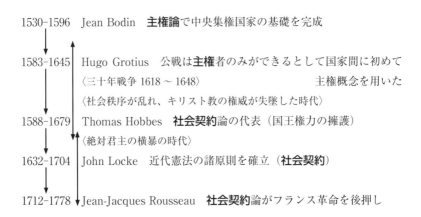

1530-1596　Jean Bodin　**主権論**で中央集権国家の基礎を完成

1583-1645　Hugo Grotius　公戦は**主権**者のみができるとして国家間に初めて
〈三十年戦争 1618 ～ 1648〉　　　　　　　　　　主権概念を用いた
〈社会秩序が乱れ、キリスト教の権威が失墜した時代〉

1588-1679　Thomas Hobbes　**社会契約**論の代表（国王権力の擁護）
〈絶対君主の横暴の時代〉

1632-1704　John Locke　近代憲法の諸原則を確立（**社会契約**）

1712-1778　Jean-Jacques Rousseau　**社会契約**論がフランス革命を後押し

　特に当時のイギリスは、ピューリタン革命（1645）、チャールズ二世による王政復古（1660）など、王党派と市民革命派の対立と抗争による混乱や殺戮が続いており、ホッブズ自身も一時期（1640-1651）フランスに

亡命している。そのような政治的無秩序やそれを基にした悲惨な状況に
ホッブズは直面し、「万民の万民に対する闘争」という人間性悪説から
出発する考えを有するに至った。換言すれば、平和と秩序の回復のため
の思想を展開したのである。しかしホッブズ自身も人間同士があらゆる
ところで闘争状態にあるとは考えていなかった。彼は『リヴァイアサ
ン』で次のように述べている。

> 「こうした戦争の時代または状態〔万民の万民に対する闘争〕は一度も存在
> しなかったと考えられるかもしれない。そして、私も、それが一般に全
> 世界にわたって見られたとは信じていない。しかしこんにちでもそのよ
> うな生活が行われている地方はたくさんある。
>
> 　たとえばアメリカの多くの地方の野蛮民族の場合、たしかに小家族に
> おいては自然の情欲にもとづく和合によった統治が見受けられるけれど
> も、それ以外にはまったく統治は見られない。そしてこんにちでも前述
> したとおりの残忍な生活法がとられている。
>
> 　いずれにせよ、万人が恐れをいだく共通の力が存在しないばあいの生
> 活がどのようなものか。それはかつては平和な統治のもとに暮らしてい
> た人々が内乱によって落ち込む生活のしかたを考えれば、そこから看取
> できるだろう」として、当時のイギリス社会の未成熟さと混乱を反映し
> ている（出典：戒能通弘（かいのう　みちひろ）「ホッブズの人間観」深田三
> 徳他編著『よくわかる法哲学・法思想〔第2版〕』ミネルヴァ書房、2018年、
> 15頁）。

　このように「万民の万民に対する闘争」というのはホッブズ自身が認
めているように一種のフィクションであるが、世界的に見れば一般的な
モデル理論の基礎（出発点）として妥当すると考えている。
　一方、ジョン・ロックの考えは、三十年戦争がほぼ終結した時代背景、
特にイギリスにおける状況、つまりピューリタン革命（1645）以来続い
ていたイギリス政治的・社会的混乱は名誉革命（1688-1689）によって一

応の終止符が打たれた状況を前提としていた。つまり名誉革命の際に承認された権利章典（Bill of Rights）によって立憲君主制、議会主権の原則など、後世の近代憲法の諸原則になる内容が確立したが、ロックはそれらの一連の事態を論理的に基礎付けようとしたのであった。

　この様にホッブズとロックの社会契約論の出発点（基礎）を比較するとロックはあくまで「イギリスの現状の肯定」のために社会契約論を主張したのに対して、ホッブズはイギリスに留まらない広範な視点で理論の基礎の普遍性を求めたうえでの社会契約論であったと言える。そのため、社会契約論の系譜は一般にはホッブズから始めることになる。

　ただ、日本国憲法（明治憲法＝大日本帝国憲法ではない）の系譜を念頭に置いた場合、アメリカのマッカーサー草案から作られていることから、アメリカ憲法的な発想、あるいは英米法的発想の諸事項が含まれているため、ロックの社会契約論の方が親和性が高いともいえよう。

権利と義務

　法学及び法律学では、個々の法令や条文のほかに、「権利」「義務」という用語あるいは「法律関係」という表現が頻繁に用いられる。実際に法律を扱うと、どちらに権利があって義務があるのか、という点が重視される。そして法学入門編「13. 法の解釈」で述べられた法解釈学を用いて、個々の権利及び義務の範囲、程度、内容を確定し、実際の具体的事項（事件、事案ともいう）に適用して、結論を導き出すことになる。

　つまり法律を適用する場合、権利と義務の帰属先と内容を明確にすることが最も重要な作業となる。その際、関係当事者の立場に立って、紛争当事者同士の関係を表すときには、権利義務関係と表現し、紛争当事者とは関係のない第三者の立場から見た場合は、法律関係という表現を使用することが多い。この第三者とは通常、裁判官や学者であり、当事者とは、当該紛争の直接の関係者またはその代理人である弁護士である。

　そこで本章では、権利及び義務の意味と内容に関して、以下で簡略に説明しよう。

（1）権利の定義と主体・客体

　権利（right／英）とは、「他者に対して作為または不作為を要求することのできる権能」である。

　ここにいう他者とは、法律上の人であり、物ではない。法律上の人とは、自然人と法人である。この人が、権利の主体でもある。

　権利の主体とは、権利を有し義務（後述）を負うことのできるものを意味する。権利及び義務の主体となることのできる地位または資格を「権利能力」という。したがって日本の法制上、権利能力を有するのも、

自然人と法人である。

　権利の客体とは、権利行使の目的物あるいはその対象である。従来、客体は「物」（有体物）あったが、科学技術の進歩によって、「物」のみならず電気、エネルギーあるいは知的創造によって生み出されたもの（音楽など）をも含むようになっている。具体的には、それぞれの権利あるいは義務ごとに異なるので、各分野の法律及び法学で確認してもらいたい。

　a）自然人：自然人は出生によってはじめて権利能力者となる（民法第3条第1項）が、その時期については、一部露出説、全部露出説、独立呼吸説の対立があり、民法では全部露出説が通説となっている。

　ただし、胎児については例外が認められている。つまり、不法行為による損害賠償（民法第721条）、相続（民法第886条第1項）、遺贈等（民法第965条）については、既に生まれたものとみなされている。

　b）法人の種類：法人とは、一定の目的の下に結合した人の集団あるいは財産である。それらは、公法人と私法人、公益法人と営利法人・中間法人、社団法人と財団法人、内国法人と外国法人などがある。

　公法人とは、国、都、道、府県、市町村などが該当する。私法人の主なものには、公益法人と営利法人、社団法人と財団法人がある。

　公益法人とは、祭祀、宗教、慈善、学術、技芸その他の公益に関する事項を目的として、営利を目的としない法人をいう（民法第34条）。

　営利法人とは、社員の経済的利益を図ることを目標として、もっぱら営利を目的とする法人である。

　社団法人とは、一定の共同の目的のために結合する人の集合体で、法人格を認められたものをいう。その根本規則を「定款」という。

　財団法人とは、一定の目的にささげられた財産の集合体で、法人格を認められたものをいう。その根本規則を「寄附行為」という。

　法人格とは、法律上の権利及び義務を有することを意味する。

　c）法人の本質に関する学説：法人の評価については、法人擬制説、

法人実在説（有機体説・組織体説）がある。法人擬制説とは、自然人のみが権利義務の主体になり得る存在なので、実際は法人は実在しない。しかし、法律技術上の必要性から、法人は単に法が自然人になぞらえて（擬制して）認めているに過ぎないとする説。法人実在説とは、法人は、法が擬制したものではなく、法人としての法的主体たる実体をもった独自の存在であるとする説。この説の中の組織体説が、今日の通説といわれている。

また作為とは「積極的な行為」であり、不作為とは「消極的な行為」または「積極的な不行為」（積極的に何もしないこと）である。

権能とは、権限、あるいは権利の個々の機能（使用、収益、処分など）を意味するが、それぞれの法律によって、その意味、内容及び範囲が異なっている。上記の定義中、権能の部分を、「法律上の地位」という場合もある。つまり、一方が他方を拘束し得る法律上の地位を「権利」といい、一方が他方に拘束される法律上の地位を「義務」というのである。

「法律上の地位」という場合、法律上の地位＝権利と理解できる。具体例を挙げれば、日本国憲法第15条は、公務員選定罷免権を規定しているが、当該権利は「国民固有の権利である。」ゆえに、日本国民という地位にあるものはすべて当該権利を有することになる。

　※日本国憲法第15条第1項「公務員を選定し、及びこれを罷免することは、国民固有の権利である。」

　※日本国憲法第10条「日本国民たる要件は、法律でこれを定める。」

　※国籍法第1条「日本国民たる要件は、この法律の定めるところによる。」

　　（以下、条文参照のこと。）

権利については、特に人間社会の発展に伴って、国家が成立し、紛争が強制力ある紛争解決機関で判定され、法律という正当性を持つ客観的な規準が確立すると、「法律によって保護される利益」が権利であると観念された。その後、保護の様々な態様を体系的、論理的に説明し、処理するための法技術概念として構成されるようになり、現在に至ってい

る。

　したがって、この意味での権利は、大きく公権と私権に分類され、公
権には国際法上の公権である自衛権、独立権、交通権などと、国内法上
の公権である国家公権（立法権、行政権、司法権）と国民公権（自由権、受益
権、参政権など）に区分される。私権は権利の目的によって分類すると、
財産権（物権、債権、知的所有権など）、身分権又は親族権（夫婦の同居請求権、
親権親族間の扶養請求権、相続権など）、人格権に分かれ、また権利の作用に
よって分類すると、請求権、形成権（取消権、追認権、解除権、相殺権など）、
抗弁権（同時履行の抗弁権、催告の抗弁権、検索の抗弁権など）に分かれる。
個々の権利の内容については、個別の法律及び法律学で確認してもらい
たい。したがって本章では権利の分類の説明は省略する。

（2）権利の概念に関する学説

　権利の概念あるいは本質に関しては、主に次のような学説があり、こ
れらを権利学説という。

1）権利意思説（意思説）

　権利学説の中でも古典的な学説の一つであり、権利の本質を意思に求
める。つまり権利の主体と意思の主体とを同一視し、その意思は単なる
自然の意欲ではなく、法によって認められ、かつ法によって付与された
意思である。19世紀後半のドイツの法学者であるヴィントシャイト
(Bernhard Windscheid 1817-1892) に代表される学説であり、彼は権利を
「法秩序（法規）によって認められ、法によって付与された意思である」
という。

　しかしこの説によれば、幼児、精神的な障害を有する者や正常な判断
能力を欠く者は、権利者たり得ないことになる。また利益の保護という
点には言及されていないなどの批判がある。

2）権利利益説（利益説）

　この説はイェーリング (Rudolf von Jhering 1818-1892) によって唱えら

れた、意思説に反対する説であり、権利の本質を利益に求める。この説によれば、権利とは、法によって保護された利益（法益）である。つまり権利の主体は受益の主体であり、必ずしも権利主体と意思主体とが一致せずともよく、したがって意思無能力者も権利の主体になることができる。

しかしこの説は、利益そのものが権利であると考えるところに問題がある。つまり、利益は権利の目的あるいは内容であって、権利そのものではない。権利の目的と権利の本質を混同している。また法によって保護される利益の中には権利ではなく、単なる反射的利益に過ぎない場合がある。反射的利益は権利ではなく、規定の反射的効果として人が享受し得る利益であるから、当該利益が妨害されても、権利主張（保護請求）を要求することができない。

　　※反射的利益：反射的利益は反射権とも呼ばれ、法の執行の結果として派
　　　生する利益であるに過ぎず、当該利益の享受者が自己のために直接的に
　　　当該利益を主張する法律上の地位又は資格を付与されるものではない。
　　　例えば道路交通法第 10 条第 1 項で歩行者の右側通行が定められており、
　　　その結果として通行の安全という反射的利益を享受できるが、他者に対
　　　して右側通行を請求し、あるいは強要し得るというものではない。

反射的利益は、参政権や自由権といった個人的な公権と区別される。当該公権を侵害された場合は、裁判によってその回復や損害賠償を請求できるが、反射的利益の侵害を受けただけの者は、裁判のような救済手段に訴えて侵害された利益（反射的利益）の実現を求めることはできないのである。

3）法　力　説

権利意思説及び権利利益説を総合しながら発展した学説である。この説は権利を、「一定の利益の享受のために法によって与えられた法上の力」であるという。つまり権利の本質を「法律によって与えられた力」とみなし、この力を主張する手段が意思であり、この力を認める目的は

利益である。

　ここにいう「法律によって与えられた力（又は法上の力）」とは、体力や知力のような実力ではなく、法によって与えられた「可能性としての力」を意味する。また権利の目的は、生活上の利益の保護あるいは享受である。この説は、当該目的を達成する手段として、法によって認められている力（可能性としての力）に権利の本質を認めるものであり、今日の多数説となっている。

　　※権利と権限：権限とは、権利のような利益を伴うことなく、ある行為を
　　　正当化するにとどまるものをいう。例えば首相の職務権限（憲法第72
　　　条、内閣法第6条）などである。

　　※日本国憲法第72条「内閣総理大臣は、内閣を代表して議案を国会に提
　　　出し、一般国務及び外交関係について国会に報告し、並びに行政各部を
　　　指揮監督する。」

　　※内閣法第6条「内閣総理大臣は、閣議にかけて決定した方針に基いて、
　　　行政各部を指揮監督する。」

（3）権利の行使と制限

1）権利の行使

　権利の行使（権利行使）とは、権利の内容を具体的に実現することを意味する。例えば、隣人との紛争を解決するために裁判所に訴える場合、日本国憲法第32条に基づく権利を行使して、裁判所で裁判を受けるという権利内容を実現するのである。

　　※日本国憲法第32条「何人も、裁判所において裁判を受ける権利を奪は
　　　れない。」

　権利行使の形態は、それぞれの権利の内容によって異なるが、権利者（当該権利を有する者／権利の主体）が自己の権利を行使するか否かは、原則として全く自由である。しかし、権利を行使してはじめて法の趣旨は達成できることになるので、かつてローマ法の原則であった、「自己の権

利を行使する者は、何人に対しても不法を行うものではない」(qui jure suo utitur, nemini facit iniuriam) と一致する。つまり認められた権利内容の実現は、正当なものであることを意味しているといえよう。

同時にひとたび権利が認められたならば、権利者が何もしなくても、その権利が永久に継続するかといえば、そうではない。例えば法律が時効制度を認めているのは、権利者が当該権利を長年にわたり行使せずにいる場合、権利者として法的に保護すべき価値がないと判断された結果である（民法第166条〜第169条）。

２）権利の行使の制限

かつてナポレオン法典（1804年）は、所有権の絶対性を認め、権利を如何なる方法で、如何なる限度で行使しようとも適法であり、その結果、他者に損害が生じても不法行為ではないとされていたという。日本の民法も同様に、権利行使の絶対性を原則としている。

　※民法第206条「所有者は、法令の制限内において、自由にその所有物の使用、収益及び処分をする権利を有する。」

この原則は、近代資本主義の発展に大きく貢献したことは事実であるが、その後、むしろ多くの社会的弊害を生むようになり、人々の考え方も変化した結果、絶対性の原則が修正されることになった。つまり、権利行使は無制限なものではなく、他者の利益を無視してはならないのであって、もしそうなれば、それは法が認めている精神に反するものになる。特に現代社会のように、人々の相互依存関係なしには社会生活が成り立たない状況では、一人の権利行使が他者の権利や利益に直接あるいは間接に影響を及ぼすことが非常に多くなる。その影響は、場合によっては社会全体にまで拡大するのである。したがって、権利行使にも限界があることになる。

日本国憲法及び民法でも、権利の行使は常に公共の福祉に従うこと、信義誠実であることを明確に定めている。

　※日本国憲法第12条　この憲法が国民に保障する自由及び権利は、国民

の不断の努力によつて、これを保持しなければならない。また、国民は、これを濫用してはならないのであつて、常に公共の福祉のためにこれを利用する責任を負ふ。

※民法第1条第1項　私権は、公共の福祉に適合しなければならない。

※同条第2項　権利の行使及び義務の履行は、信義に従い誠実に行わなければならない。

つまり社会共同生活全体の向上と発展、公共の福祉という見地から、権利行使は信義誠実に行使すべきであるという制約を受けるのである。

信義誠実の原則は、信義則ともいう。これは、社会生活上一定の状況下において、相手のもつであろう正当な期待に副うように他方の行為者が行動することを意味する。

3）権利の濫用の禁止

権利の濫用（権利濫用）とは、ある行為または不行為が、外形的には権利行使と見られるが、具体的な状況と実際の結果とに照らしてみると、権利行使として法律上認めることが妥当でないと判断されることをいう（『法律学小辞典』303頁参照）。

※民法第1条第3項「権利の濫用は、これを許さない。」

権利は公共の福祉と信義誠実の原則に従わなければならず、これに反する場合には、権利濫用となる。その結果は、権利行使としての法的効果を生じないのである。また権利濫用によって他者に損害を与えた場合は、不法行為（民法第709条～第724条の2）としての責任を負い、被害者に対して損害賠償などをしなければならなくなる。

【信玄公旗掛松事件】

中央線の日野春駅構内に「信玄公旗掛松」といわれる由緒ある松があった。この松から一間（六尺＝約1.8m）未満の地点に、国が鉄道路線を敷設したために蒸気機関車の多大な煤煙にさらされて、当該松が枯死した。そこで松の所有者が国に対して損害賠償を請求した事件である。

原審は、国が蒸気機関車の運転をすることは権利の行使であるが、当該運転に際して、みだりに他者の権利を侵害できるものではなく、煙害予防の方法を施さずに他者の権利を侵害した行為は、法律の認めた範囲内の権利行使と認めることはできず、権利の濫用であるとして、国の責任を認めた。国は上告したが、棄却された（大判大正 8.3.3、民録 25・356）。

この事件は、名松に対する適当な配慮を欠いたことが、注意義務違反として不法行為（民法第 709 条）の「過失」に該当するかが問われたものである。裁判所は、権利行使といえども社会観念上被害者において許容するべきものと一般に認められる限度を超えるときは不法行為となると判断して、国に賠償責任を認めたのであった。

【宇奈月温泉木管撤去事件】

鉄道会社 Y は、富山県宇奈月町において温泉を経営していたが、同町では温泉が湧かないので源泉の黒薙温泉から湯を引いて温泉を経営していた。その引湯管が、X 所有の約二坪ほどの土地を無断で通過していたため、X は Y に対して、引湯管を撤去するか、あるいはこの土地と隣接する X の土地（約 3000 坪、時価 900 円／当時）を含めて本件土地を、約 2 万円という高額な値段で買い取ることを要求した。Y は、引湯管の撤去には少なくとも 1 万 2000 円（当時）という多額の費用と、そのための工事期間約 9 ヶ月の間、温泉営業を休止しなければならないこと、ならびに本件土地は全くの荒地で利用価値のない土地であるため、買取はできないとして争った事件である。

第一審、原審ともに X の請求を棄却し、X は上告したが棄却された（大判昭和 10.10.5、民集 14・1965）。

この事件で裁判所は、引湯管（木管）の撤去には莫大な費用がかかり、逆に土地所有者（X）の損害は極めて軽微である場合に、不当な利益を獲得する目的で木管の除去を求める行為は、権利の濫用に他ならないと判断したのである（両事件とも、斎藤『法学序説』106-108 頁、清水幸雄『私法

入門』（成文堂、1998年）31頁参照）。

信玄公旗掛松事件と宇奈月温泉木管撤去事件はともに、1947（昭和22）年の民法改正で「権利濫用の禁止」が明文で定められる以前の事件であるが、そのような条文がなくとも、対立する当事者の利益衡量や社会性・経済目的等の客観的基準が重視されるようになっていたことを示しているといえよう。

（4）義務と責任

1）義務の定義

義務（obligation／英）とは、権利に対応するものであって、特定内容を持つ法律以上の拘束である。あるいは法律関係において、一方が他方に拘束されるという法律上の地位である。「〜すべし」という規範は「〜する義務」を課し、「〜すべからず」という規範は「〜しない義務」を課す。他者のために積極的に特定行為を行うべき場合を「作為義務」といい、消極的に自己の行為を制限する場合を「不作為義務」という。

また義務の主体・客体も原則として権利の主体・客体と同じである。その内容や種類も、それぞれの権利義務関係や法分野によって異なるので、具体的内容等は各法律及び法学分野で確認しなければならない。

2）義務の概念に関する学説

義務の概念についてのいくつかの学説が唱えられているが、ここでは極めて簡略に示すに止めておこう。

① 意思拘束説：この説は、義務を、法によって定められた意思の拘束であるとする。

② 責任説：この説は、義務を、法律上の責任であるとする。

③ 法的拘束説：この説は、義務を、一定の作為または不作為を課する法的拘束であるとする。この説が、権利概念に関する法力説に対応するものであり、現在の通説であるといわれている。

このobligationという用語自体「縛る」あるいは「拘束する」という

意味のラテン語の言葉を含んでいる。すなわちラテン語の ligare は、英語の bind に当たる。義務という言葉で表現されるのは、一定の仕方で行動するよう、あるいは行動しないように拘束されているという観念であるといわれている（赤坂『法の基本原理』63 頁参照）。

3）権利と義務との関係

通常、権利と義務とは対立関係にある。金を貸した者は借りた者に対して、金銭の返還を求めることのできる権利（債権）を有し、他方は返還しなければならない義務（債務）を有している。このように権利あるところ必ず義務があるのが原則である。

しかし、義務の存在しない権利もある。例えば取消権（民法第96条）、解除権（民法第541条）のような形成権である。これらには権利者の権利だけあって、これに対応する義務は存在しない。

形成権とは、権利者の一方的意思表示によって一定の法的効果を生ずるものである。

　※民法第96条第1項「詐欺又は強迫による意思表示は、取り消すことができる。」

　※同条第2項「相手方に対する意思表示について第三者が詐欺を行った場合において、相手方がその事実を知り、又は知ることができたときに限り、その意思表示を取り消すことができる。」

　※民法第541条「当事者の一方がその債務を履行しない場合において、相手方が相当の期間を定めてその履行の催告をし、その期間内に履行がないときは、相手方は、契約の解除をすることができる。（以下略）」

他方、義務だけあって権利を伴わない場合もある。例えば、商法上の商業帳簿を作成しなければならない義務（商法第19条）、民法上の子に対する親権者の監護・教育の義務（民法第820条）などには、これに対応する権利はない。また右側通行や納税義務などの公法上の義務には、対応する権利のないものが少なくないのである。

　※商法第19条第2項「商人は、その営業のために使用する財産について、

法務省令で定めるところにより、適時に、正確な商業帳簿（会計帳簿及び貸借対照表を言う。以下この条において同じ。）を作成しなければならない。」

※同条第3項「商人は、帳簿閉鎖の時から十年間、その商業帳簿及びその営業に関する重要な資料を保存しなければならない。」

※民法第820条「親権を行う者は、子の監護及び教育をする権利を有し、義務を負う。」

※日本国憲法第30条「国民は、法律の定めるところにより、納税の義務を負ふ。」

4）義務と責任の相違

一般に責任という用語は非常に多義である。道徳的責任や政治的責任などに対して法的責任（法律的責任）という場合は、法律上の不利益または制裁を負わせることを広く意味している。

刑法においては、広義では、刑罰を受けなければならない法的地位をいうが、狭義では、犯罪の成立要件としての責任を意味する。しかしそれも社会的責任論と道義的責任論とで意味が異なっている。社会的責任論では、行為者が反社会的危険性を有するゆえに社会防衛処分としての刑罰を受ける地位であるが、道義的責任論では、行為者を道義的に非難できなければならないという非難可能性を責任という。

民法では、①民事責任、②民法第105条・第348条の「責任」、③責任能力にいう責任、④帰責事由の意味での責任、⑤義務（債務）の意味での責任、⑥債務と責任というときの責任、以上のような多様な用法と意味があり、それぞれの分野で確認し、理解しなければならない。

このように、義務と責任とは区別されるものである。責任は義務違反によって制裁を受ける基礎をなすものであり、当該義務は責任を伴うことによって拘束性が確保される。

しかし責任を欠く義務も存在する。いわゆる「自然債務」あるいは「責任なき債務」といわれている。自然債務・責任なき債務とは、「訴権

なき債務」のことで、債務者が任意に給付しない場合、債権者はこれを訴求し得ない債務をいう。つまり、債務者による任意の弁済は有効であるが、弁済しなくても訴えられない債権である。例えば、賭博などの不法原因に基づく債務、時効によって消滅してしまった債務などを該当する。もちろん、債務者が任意に給付あるいは弁済した場合は、その分については有効であり、かつ返還請求はできない。

【カフェー丸玉女給事件】

　カフェーの客であるＹは、そこの女給Ｘの歓心を買う（人の機嫌を取る）ため、将来の独立資金として400円（当時）を与えると約束をしたが、実行しなかった。そこでＸがＹにその履行を請求した事件である。

　原審は、400円の贈与契約の成立と、それを目的とした準消費貸借の成立を認めてＸが勝訴した。そこでＹは、当該契約は社会通念上首肯できず、情交を遂げることを目的としてなされたものと考えるべきなので、公序良俗に反して無効であると主張して上告した。判決は、「欺ル事情ノ下ニ於ケル諾約ハ諾約者ガ自ラ進デ之ヲ履行スルトキハ債務ノ弁済タルコトヲ失ハザラムモ、要約者ニ於テ之ガ履行ヲ強要スルコトヲ得ザル特殊ノ債務関係ヲ生ズルモノト解スル」として、Ｘに裁判上の請求権を付与する趣旨の契約と速断するのは相当でないとして、破棄差戻を命じた（赤坂『法学の基本原理』65頁参照）。

　責任の概念は非常に重要でありながらも、単に法解釈学のみでは解明できない問題である。その発生から発展、今日における意義に至るまで、法制史、法社会学、法哲学、比較法学などからの総合的研究に基づいて明らかにしなければならないテーマである。

法と他の社会規範との関係

(1) 法と他の社会規範

人間社会を規律するものは、法のみならず宗教や習俗、道徳などがある。また人間社会で用いられる定まった法則という意味では、物理学や化学などの自然科学上の法則もある。これらと法との差異及び関係は如何なるものであろうか。

1) 規範と法則

法は規範の一種である。規範とは特定の価値観を実現するために、遵守しなければならないとされる法則である。一般に法則は必然または存在を意味しており、「人はすべて死ぬ」というような自然科学上の法則がこれに当たる。しかし規範は当為（～しなければならない・～してはならない）を内容とする。「善いことをしなければならない」あるいは「人を殺してはならない」などである。したがって規範と法則とは全く異なるものである。

> ※当為：「当に（まさに）……為す（なす）べし」、当然為すべきこと。
> 「べし」は「当に」と一対となって「当然」あるいは「…するのが正当である。」の意味を表す。法学では、当為は Sollen（独）、ought to（英）、存在は Sein（独）、be（英）と表している。

2) 社会規範と法

当為を内容とする規範は、宗教、道徳などのような、人間社会に特有のものである。特に人間同士の社会生活を円滑に営むために、各自の行為を規制する役割を担うのが、社会規範であり、慣習、習俗、法、道徳、宗教が該当する。

法と他の社会規範は、初期の人間社会においては混然一体となってい

たが、徐々に両者は明確に区別されるようになった。例えば契約説によって社会もしくは国家が形成されているとした場合、最初に社会契約を作成した時点では、そのときの参加者（社会構成員）相互に共通する宗教、道徳、習俗、倫理観や思想などに基づいて、一般意志を形成して社会契約を成立させ、それを憲法と呼称して、下位の法（法規範）を作成し、一つの国内法体系を成立させたと理解できる。その時点の憲法（社会契約）を含む法の内容は、宗教や道徳、習俗とほぼ同じものであったろう。そのため法は、当時の社会構成員に共通する特定の価値観（特定の宗教等に基礎を置く価値観、倫理観、道徳など）を、当為として内包することになったと考えられる。

　しかしその後、当該国内法体系を維持する国家もしくは社会が存続しつつも、社会状況の変化に伴って時代とともに社会構成員が変わってくると、共通する価値観の内容と範囲にも変化が生じて来る。それでも既存の国内法（社会契約）に基づく義務教育などによって、当該社会の最も重要な価値観または観念を未成年の時代に教え込まれた社会構成員たちは、既存の法を遵守し、保持しようとする。そこに、既存の価値観を当為として内包する法と、異なる価値観または倫理観に基づいた社会生活あるいは行動との間に矛盾が生じる。そこで、法に支えられた社会秩序や公序良俗に反しない限りで、新しい価値観や行動を認め、両者の調和を図りつつ、ゆっくりと当為を現実の社会に適合するように変更しながら、法（法規範）自身も変化するのである。

　　※日本国憲法第12条「この憲法が国民に保障する自由及び権利は、国民の不断の努力によつて、これを保持しなければならない。又、国民は、これを濫用してはならないのであつて、常に公共の福祉のためにこれを利用する責任を負ふ。」

　また科学技術の発達などによって、宗教や道徳とは直接関係をもたない法も生まれてくる。例えば道路交通法は、歩行者の通行方法や車両及び路面電車の交通方法などを規定しているが、日本と米国を比べても自

動車の左側通行と右側通行にみられるように、技術的な内容の法である。

　　※道路交通法第12条第1項「歩行者は、道路を横断しようとするときは、横断歩道がある場所の附近においては、その横断歩道によつて道路を横断しなければならない。」

　しかし、そのような法が技術的であるといっても、それに違反すれば罰せられる。また「人を殺してはならない。」という宗教や道徳もしくは価値観に違反した場合も、それが法の内容となっている限り、罰せられる。このように、その内容が道徳的であれ、技術的であれ、法に違反した場合には強制的に罰せられることから、法（法規範）には、次のような特性が見出される。

　　①　法は、国家もしくは社会生活を規律する社会規範のひとつである。
　　②　法は、命令・禁止の形で一定行為を要求する当為を内容としている。
　　③　法は、その違反者に制裁を課し、遵守を強制する強制力をもっている。

（2）法と道徳の差異

　法（法規範）の特性（社会規範・当為・強制力）は、道徳や習俗などの他の社会規範にも見出され得る。宗教、道徳、習俗なども特に①（社会規範であること）と②（当為を内容とすること）を有しており、③（強制力）も広義では有していることになる。その中で、特に道徳は、「物を盗んではならない」「人を騙してはならない」「人を傷つけてはならない」「正当な理由なく器物を破損してはならない」「人を殺してはならない」など、異なる宗教や無神論者たちの間でも、相当程度の共通性を有している社会規範であり、法と共通している部分も多い。

　そこで法と道徳との関係を見ることで、法と他の社会規範の差異が一層明確になる。まずこの点に関する学説を示そう。

1）対　象　説

　法は人の外面的な態度や行為を規律するが、道徳は人の内面的な意思または心情を規律する、として両者は規律の対象を異にすると考える説である。換言すれば、「法の外面性と道徳の内面性」である。

　しかし法であっても、故意・過失など内面的な意思あるいは心情を規律する場合があり、例えば違法行為を実行しても、あるいは本人自身は違法行為を実行しなくても、その内面的な意思に基づいて刑罰が異なってくる。

　　※刑法第38条第1項第一文「罪を犯す意思がない行為は、罰しない。ただし、法律に特別の規定がある場合は、この限りでない。」（特別の規定は六法の同法を参照すること）

　　※刑法第61条第1項「人を教唆して犯罪を実行させた者には、正犯の刑を科する。」

　また道徳も、対人関係における挨拶や行動など、自己と他者との関係という外面的なものを規律することがある点で、この説は批判されている。

2）成　立　説

　法は経験的な規範であるが、道徳は先験的な規範である、とする説。つまり法は社会あるいは国家における経験としての事実に基づいて成立するが、道徳は実体験などの経験なしに理性を源泉として生まれるものである。

　しかし実際には、道徳も経験に基づいて成立した面を持つ社会規範である点で、この説は批判されている。

3）基　準　説

　法は現実に基づく規範であるが、道徳は理想を目指す規範である、とする説。法は現実に行われていること、あるいは現実に行うことができることを内容としているので、平均的な人間あるいは通常の判断力を持つ人間を対象かつ前提にしている。しかし道徳は、現実に実行可能か否

かということではなく、純粋な理想を掲げるものである。

この説は、法と道徳の特徴を現しているが、それは両者の一側面であり、あまりにも具体性を欠いているので、社会規範としての両者の差異を明らかにする基準にはなりえないと批判されている。

4）動 機 説

法は行為の適法性を要求するに過ぎず、道徳は行為の道徳性を要求する、という説。つまり法は、外面に現れた行為が内面的な自発性を動機としているか否かに関係なく、法の内容に合致することを要請するだけである。一方、道徳は、外面に現れた行為と動機となった内面的な自発性とが一致して、法を含む社会規範に合致することを要請するものである。

この説によれば、結局は外面的な行為のみが看取できるのであって、個々の内面を客観的に知ることができないことから、法と道徳を区別することができないと批判されている。

5）強 制 説

法は強制を伴うが、道徳は強制を伴わない、という説。ここにいう強制の意味を広く解すれば、法にも道徳にも強制があるといえる。しかし両者の強制には相違がある。それは、法の持つ強制は国家などの公権力による物理的実行性を伴う強制であるが、道徳の持つ強制は心理的な強制であって、その遵守を個人の良心に負わせて、公権力による強制を加えることはない。したがってこの説は、公権力による強制の有無によって両者を区別するものである。

この説に対しては、村八分などのような社会的制裁や、大企業が特に従業員に対して持っている社会的権力も、実質的に内面的・心理的強制のみとはいえない面もある点を如何に考えるのか、という疑問が呈せられている。

以上の諸学説は、法と道徳の差異の一面を説明したものであり、長所と短所がある。しかし現段階では、法と道徳の差異は、第一に、法の外

面性と道徳の内面性、第二に、公権力による強制の有無、以上の二点に求めるのが妥当であるといえよう。

（3）法と道徳の関係

法と道徳は異なるものであるとともに、密接な相互依存関係・関連性も有する。その主な関係は次のように分けて理解できる。

1）道徳が法の内容となる場合

「人を殺してはならない。」「物を盗んではならない。」「人を騙してはならない。」などは道徳の内容であると同時に、殺人罪、窃盗罪、詐欺罪といった法（刑法）の内容でもある。

> ※刑法第199条（殺人）「人を殺した者は、死刑又は無期若しくは五年以上の懲役に処する。」
> ※刑法第235条（窃盗）「他人の財物を窃取した者は、窃盗の罪とし、十年以下の懲役又は五十万円以下の罰金に処する。」
> ※刑法第246条（詐欺）第1項「人を欺いて財物を交付させた者は、十年以下の懲役に処する。」

また法学上、一般条項（白紙条項）といわれるもの、例えば民法の信義誠実の原則や公序良俗の規定は、道徳的な規範をそのまま法の内容としている。このような場合、「法は道徳の最小限度である」と表現されている。

> ※民法第1条第2項（信義誠実）「権利の行使及び義務の履行は、信義に従い誠実に行わなければならない。」
> ※民法第90条（公序良俗）「公の秩序又は善良の風俗に反する法律行為は、無効とする。」

2）法の内容が道徳となる場合

例えば社会的安全保障機能を有する道路交通法のような純粋に技術的な規範が道徳となる場合である。初等学校教育では、歩行者の右側通行や歩行者優先の交通道徳などを、道徳的に善いことであると教えている。

さらに新しい観念が法に定められることで、人々の道徳心や価値観を変化させることもある。例えば、刑法の尊属殺人（第200条）について、大日本帝国憲法（明治憲法）から日本国憲法へと最高・授権・制限規範が変わったことによる解釈の変更と、廃止が示されるであろう。

【尊属殺人事件の解釈変更と法令の一部廃止】

刑法第200条は尊属殺人を規定していたが、平成7年の改正で当該条文は削除された。その間に生じた典型的事件を示そう。

①　尊属傷害致死事件（昭和25年10月11日、最高裁大法廷判決、刑集4・10・2037）

本件は、弟のオーバーの生地紛失に関係した嫌疑を父親からかけられた兄が、父親との口論中に、父親が鉄瓶や鍋を投げつけたので、これを投げ返したところ父親の頭部に当たり、頭蓋骨骨折・内出血により死亡させたという事件である。最高裁は、「親殺しなどの重罰規定は、法が子の親に対する道徳的義務をとくに重視したもので、夫婦、親子、兄弟等の関係を支配する道徳は、人倫の大本、古今東西を問わず承認せられているところの人類普遍の道徳原理、すなわち自然法に属するものである。従って、この重罰規定には合理的理由があり、憲法十四条の趣旨に反しない」との尊属殺人規定合憲判決を下した（13対2）。

②　尊属殺人重罰規定違憲判決（昭和48年4月4日、最高裁大法廷判決、刑集27・3・265）

本件は、昭和43年10月に、14歳のときから父親に精神的・肉体的な苦痛と暴行を受け続け、父親の子を5人出産した女性が、29歳のときに他の男性と婚約したところ、父親に10日余りも軟禁状態にされ、その間も脅迫や虐待が繰り返され、性交を求められ、さらに父親が暴行を加えようとしたところ、心身共に疲労の極に達していた当該女性が、これまでの父親との忌まわしい関係を絶つためには同人を殺害するしかないと考え、押し倒して紐で頸部を扼し、殺害した事件である。最高裁

判所大法廷は、「刑法二〇〇条は、尊属殺の法定刑を死刑または無期懲役のみに限っている点において、その立法目的達成のため必要な限度を遥かに超え、普通殺に関する刑法一九九条の法定刑に比して著しく不合理な差別的取扱いをするものと認められ、憲法十四条一項に違反して無効である」とし、14対1で「親殺し重罰規定違憲」の判決を下したのであった。その結果、本件被告人（当該女性）は、懲役2年6ヶ月、執行猶予3年となった。

③　最高検察庁の通達により、上記判決以後は尊属殺人は刑法第199条によって処理されてきた。

④　平成7年に法第91号として、刑法第200条（尊属殺人）の規定が削除された（法令の一部廃止）（赤坂昭二『法学の基本原理』49-54頁参考）。

　親殺し重罰は、奈良時代の大宝律令（701年）で悪逆と名づけられた八虐の一つとされた。原典である中国の唐法で、儒教的な倫理観の確立と道徳的な社会秩序の維持が根幹であり、人類普遍の道徳原理とされたためであった。この考え方が日本にも伝わり、儒教にいう孝として親子関係の規準となり、法の内容になったという意味では、道徳が法の内容となる場合に該当する。しかし個人の尊厳と平等を基底とする民主主義的倫理という新しい観念が法の内容になったとき、この盲目的な絶対服従を内容とする孝が、それと相容れないものであることは多言を要しないであろう。日本国憲法下では、自然の愛情と相互扶助を基調とする近代的親子関係を予定しているといえる（赤坂、同書、53-54頁。『憲法判例百選Ⅰ』第4版62-63頁参照）。

　このように、新しい日本国憲法の成立に伴って、人間関係についての基本的考え方が変化したことに伴って、法の解釈が変更され、ついには不要のものとして廃止されたのである。

　　※憲法第14条第1項「すべて国民は、法の下に平等であつて、人種、信条、性別、社会的身分又は門地により、政治的、経済的又は社会的関係において、差別されない。」

3）法と道徳とが無関係な場合

　法と道徳とが無関係な場合の例としては、死刑の執行方法（刑法第11条）があり、また非道徳的・反道徳的な法の例として、所有権の取得時効（民法第162条）がある。

　　※刑法第11条第1項「死刑は、刑事施設内において、絞首して執行する」。

　　※民法第162条第1項「二十年間、所有の意思をもって、平穏に、かつ、

　　　公然と他人の物を占有した者は、その所有権を取得する。」

　死刑自体の存否については多くの議論があるとしても、死刑制度を認めている限りは、死刑を如何なる方法で、何処で執行するかは、それが残虐な方法でない限り、一般に道徳とは無関係な内容である。また他人の所有物を平穏かつ公然と20年間占有したとしても、道徳的見地から見れば、当該物を本来の所有者に返却しなければならないはずであるが、法は、時効によって所有権を取得すると規定している。このような法もしくは規定は、社会生活を平穏かつ円滑に運営するための必要性から定められているといえよう。

法 と 国 家

(1) 国家の起源について

　国家の起源については、これまで多くの学説が唱えられてきた。その中で代表的な学説を以下に記そう。

1）神　意　説

　神の意思によって国家が生まれたとする説であり、特に中世キリスト教が盛隆であった時代に唱えられた。王権神授説（君権神授説）は、この説から派生したものである。

　この説に対しては、同説の基礎となっている宗教又は信仰と同一の宗教的信仰を有する者には説明可能である。しかし現代では、同説は経験的な事実に反し、科学的根拠を欠くものとの批判がなされている。

2）家　族　説

　家族という団体が拡大発展したものが国家であるとする説である。この説によれば王権は家長権が発展転化したものであり、君主と臣民との関係は家族共同体としての倫理観によって基礎付けられるという。

　この説に対しては、国家と家族を同一視している点において、そのような形態で成立した国家について説明できても、他のすべての国家一般に当てはめることはできないとの批判がなされている。

3）財　産　説

　国家とは、財産である土地の獲得・維持のために成立したとする説である。この説によれば、人類が狩猟生活・移動生活から農業経済を基礎とする定住生活段階に至り、土地の私有が始まり、この土地が人間の生活に不可欠な資本（物事を作り出す大本）となって、財産制度が発生し、国家はこのような重要な土地を獲得し、また維持するために成立したと

いうものである。

　この説に対しては、物質面を重視しすぎるため、中世の封建時代には妥当しても、今日の国家については合理的説明ができないとの批判がなされている。

4）実　力　説

　これは強者が弱者を支配する実力的支配関係において国家が成立したとする説である。つまり武力的あるいは経済的な強者がその実力支配を政治権力に転化させることで国家が成立したという。この説は古代ギリシャから近世にかけて提唱されてきたものである。

　この説に対しては、支配者の実力を偏重するあまり、精神的側面を度外視しているという批判がなされている。

5）契　約　説

　国民が相互に契約することで国家を成立させたとする説であり、国家発生の原因を社会契約に求めるものである。この説では、国家成立以前の人間は闘争的な自然状態であったが、安寧と幸福を得るために人間は相互に自由と権利の一部を譲歩・制限し合って無制限で恣意的な活動を規制し、国家という権力的な政治組織を作り上げたとする。

　この説に対しては、国家理論に貢献したことは事実であるが、国民が社会契約を締結する点に一種の擬制があるとの批判がなされている。

　国家の成立過程はそれぞれ異なっているのが歴史上の事実であり、全ての過程及び時代に当てはまる一般理論を構築することは極めて困難である。上記の各説は、その時代背景等を前提にした国家成立の一側面を描き出しているものと理解できよう。特に西欧の伝統的思想においては、国家は暴力の独占装置であるとの捉え方も根強く残っている。また、国家とは如何なる存在か、という問の立て方をするならば、国家法人説や国家有機体説などもある。しかし、現代の国家が近代憲法（人権保障を主とする憲法）を持つ国民主権に基づく国家であるとするならば、契約説

がひとつのモデル理論として最も重視されるものと考えられる。

(2) 国家の三要素─政府・領土・国民─の誕生

　現在、国家と考えられている存在は、土地があり、多数の人々が住み、隣国との境には国境があり、それらを政府が一括して統治している形態が想起される。国家と呼ばれるこの形態は、通常、所与のものと考えられがちであるが、人類の長い歴史の中では、この形態の国家が明瞭に成立したのは、そう古いことではない。

1）政府─主権者─の誕生

　国境で分割された空間（領土）と国籍を有する者（国民）を統治する存在が政府（government）である。ひとつの国家にはひとつの政府があり、そこに主要な権力や権限が集中している形態を中央集権と呼び、また政府とは対外的にその国家を正式に代表する存在ということになる。

　ヨーロッパ中世初期においては、このような権力や権限がどこに位置づけられるか定かでなかった。つまり中世キリスト教世界は、ローマ法王がキリスト教世界の頂点におり、ひとつの王国には国王がおり、その王国内には古くからの封建諸侯が荘園を保持しているという、権威・権力・権限が分散された社会であった。その状況の中で、封建諸侯はローマ法王と連携を強くすることで国王の権力・権限などを弱めることに成功したが、力をつけたローマ法王の提唱で十字軍が実行されるようになると、働き手（荘園の農民たち）を兵士として失った封建諸侯の力が徐々に弱まり、国王権力の確立の時代が到来することになった。それに貢献したのがジャン・ボダン（Jean Bodin 1530-1596）である。

　彼は、国王だけが主権者であるという理論を構築することで、国王への権力・権限の集中化に成功したのであった。つまり歴史上、主権という用語は「他よりも頭ひとつ抜き出たもの」という程度の日常生活用語であったが、その意味を封建領主たちは、王国に関しては国王が主権たる位置づけになるので主権者であるが、自己の荘園内において主権を有

するものは自分自身であり、ゆえに封建領主が主権者である。そのため、王国全体のことに関しては国王に権力や権限があるが、個々の荘園に関しては夫々の封建領主に権力や権限があるという理屈に基づいて、自己の保持する封建領地に対する国王権力の介入を拒否する理論武装として、主権及び主権者という用語を政治的に利用していたのであった。

　しかし時が経つにつれて主権という用語の意味が「他の如何なる権力者の権威にも依存しない権力者の権力」に変化してきた。そこでボダンは、このような権力者は国王のみであるとして、ひとつの王国に関しては、対外的にも対内的にも国王のみに主権が存するという理論を構築した。そして当該主権の具体的発現もしくは象徴として、立法権・宣戦講和の権・官吏任命権・最高裁判権・忠誠従順の要求権・恩赦権・貨幣鋳造権・課税権という八つの権利を『国家に関する六書』（*Les six livres de la Republique*）で示し、さらに主権を「絶対・永久の権利」と定めることで、ローマ法王の権威を実質上排除し、封建領主たちの権限・権利を奪うことに成功したのである。この理論によって、ヨーロッパ社会では国王を中心とする中央集権国家、すなわち政府（国王）に国家統治の総ての権限が集中するという形態の国家が誕生し、今日の国家の原型になったのであった。

２）領土—国境—の誕生

　現代の国家の原型は、ヨーロッパ社会で誕生した。中世までのヨーロッパは、いわばキリスト教世界という考え方が中心を占めていたが、近世、近代と歴史が移り変わる中で、宗教間・宗派間の戦争が頻発した。それをキリスト教の聖職者たち（特にローマ法王）は止めることができず、現在のドイツで三十年戦争（1618-1648）が起こってしまった。それを終結させたのがウェストファリア条約（1648年）であり、その頃から、現在使用されているのと同じ意味での国境（boundary）という技術が生み出されてきた。つまり空間を国境という技術で分割し、その国境で囲まれた空間内の出来事には他国（他の政府）は介入しない（内政不干渉）とい

う原則を確立することで、宗教間・宗派間の対立範囲を限定し、対立者同士に融和と協力の必要性を認識させることで、「融和できない真理の衝突」(宗教間の戦争) を回避することに成功したのである。この国境で囲まれた空間を領土 (又は領域) という。

3) 国民―国籍―の誕生

しかしこの段階では人々の持つ国家に対する忠誠心は希薄であった。その後、フランス革命 (1789 年) を経て絶対君主制の社会であったヨーロッパ社会に巨大な共和制国家 (フランス共和国) が出現すると、君主たちは「革命の輸出」を怖れて神聖同盟などを結成した。それに対してフランス共和国は強力な軍隊 (歩兵中心の陸軍) を作り上げるために、国籍 (nationality) という技術を発明し、人民に付与した。この国籍を有する者は、通常の日常生活では様々な社会福祉 (教育の無償化、年金、医療保障など) を享受できるが、戦争になった場合には、自らの命を賭して祖国を防衛するという、いわば交換条件つきの契約であった。その結果、同一の国籍を有する者たちの間で強い連帯感・同一感が醸成され、これまでの「政治上の国民」から現代と同じ「法律上の国民」が誕生したのである。この国籍を有するものを国民 (又は国籍者) という。

ここに至って、国家の基本要素として、政府・領土 (領域)・国民という要件が成立したのである。

(3) 近代国家と社会契約論

中央集権化された形態の国家は、ヨーロッパ社会のみならず、中南米やアジアにも成立していた。しかし、現実にはヨーロッパ諸国による世界規模で行われた植民地獲得活動の中で、そのほとんどの国々は植民地となり、その後独立しても伝統的な固有の社会体制や法制度を復活できず、宗主国の法制度を取り入れることによって近代国家へと変貌したのであった。一方、ヨーロッパ的社会体制に自らを作り変えることに成功した国々 (タイ王国や日本など) も、その法制度を取り入れることで、同

様に近代国家に変化したのである。

　ここにいう近代国家とは、ヨーロッパの近代という時代に成立した形態の国家を意味し、それを成り立たしめる憲法を近代憲法と呼んでいる。換言すれば、人権保障を第一義とする憲法であり、それに基づいて構成された国家を意味するのである。またそのような国家を理論的に正当化したのが社会契約論であり、現代でもひとつのモデル理論となっている。

1）人権の普遍化

　a）限定された権利から自然権思想（前国家的権利）**へ**：近代憲法及びその下の法体系は人権保障を第一義とするが、人権保障自体が法の目的となるにも、歴史的経緯があった。それはイギリスから始まったといわれている。例えばマグナ＝カルタ（Magna Carta 1215 年 6 月 15 日／大憲章）は封建的慣習・特権を国王（ジョン王）に再確認させ、国王の専横に歯止めをかけようとするものであった（教会の自由、封建的負担の制限、国王役人の職権濫用の防止、通商の自由など）。また権利請願（1628 年 Petition of Right）は議会の同意していない課税や法に基づかない逮捕や投獄をやめることなどを国王（チャールズ 1 世 Charles I）に約束させるものであった。人身保護法（1679 年 Habeas Corpus Act）は議会が国王（チャールズ 2 世）による不法な逮捕・投獄を禁ずることを目的として制定され、また「権利の宣言」（Declaration of Rights）が権利章典（1689 年 Bill of Rights）として発布されたのは、議会が国王（メアリ 2 世とウィリアム 3 世）の権利を大幅に制約し、議会が主権を握るためであった。このように徐々にではあるが今日の人権保障につながる一連の出来事が積み重ねられてきた。しかし、この時点では未だイギリス人という限られた人々の権利に過ぎなかった。これが普遍化するには、アメリカの独立、フランス革命を経なければならなかったのである。

　現在のアメリカ合衆国（以下、「アメリカ」又は「米国」という。）はイギリスの植民地であったため、イギリス政府は砂糖法（1764 年 Sugar Act）や印紙法（1765 年 Stamp Act）によって植民地（現アメリカ）の多くの人々に

課税した。それに対して植民地は本国議会（イギリス議会）に代表を送っていないので、同意のない課税はイギリス臣民（植民地は領土を意味し、したがってその土地の人々も法律上はイギリス人であった）の有する固有の権利と自由に反すると考え、「代表なければ課税なし」を原則として大いに反対したが、その後も本国議会はタウンゼント諸法（1767 年 Townshend Act）や茶法（1773 年 Tea Act）を制定し、課税を強めたのである。その結果、ボストン茶会事件（1773 年 Boston Tea Party）、第一回大陸会議（1774 年）を経て、1776 年 7 月 4 日にアメリカ独立宣言（the Declaration of Independence）を採択し、独立戦争に至り、1783 年にパリ条約が締結されて、アメリカの独立が承認されたのである。

　※アメリカ独立宣言「われわれは次のことが自明の真理であると信ずる。すべての人は平等に造られ、造化の神によって、一定の譲ることのできない権利を与えられていること。その中には生命、自由、そして幸福の追求がふくまれていること。これらの権利を確保するために、人類の間に政府がつくられ、その正当な権力は被支配者の同意にもとづかねばならないこと。もしどんな形の政府であってもこれらの目的を破壊するものになった場合には、その政府を改革しあるいは廃止して人民の安全と幸福をもたらすにもっとも適当と思われる原理にもとづき、そのような形で権力を形づくる新しい政府を設けることが人民の権利であること。以上である。」〔以下、省略〕

　この独立宣言（他にもヴァージニアの権利章典／1776 年 6 月 12 日 the Virginia Bill of Rights なども同趣旨を謳っている）に典型的に現れているのが、人権の普遍化である。これまではイギリス人の権利であったものが、全ての人の権利として、また神から授かった譲ることのできない権利として謳われている。これはアメリカの独立を正当化する根拠として採用された思想であるが、その歴史的意義は非常に大きいと言わざるを得ない。
　この普遍的人権思想がフランス革命によって、再びヨーロッパに伝播

することになる。フランス（ルイ16世 Louis XVI）は当初から金銭的援助や物質的補給を行うことでアメリカの独立を支援してきたが、サラトガの戦い（1777年 Saratoga）でアメリカ軍が勝利すると1778年に正式にアメリカと条約を締結し、軍事同盟に同意してフランスも参戦することになった。しかしフランスの財政は赤字を累積し、危機に瀕していた。それを乗り切るために国王は様々な政策を打ち出し、全国三部会を招集し、憲法制定国民議会も承認したが、結局はフランス革命（1789年）に発展したのであった。そのときにフランス人権宣言（1789年8月26日「人および市民の権利宣言」Declaration des droits de l'homme et du citoyen）が採択された。この革命時にアメリカ独立戦争に従軍したフランスの人々によってアメリカ独立宣言等が持ち帰られ、多くの翻訳が行われたことから、アメリカ独立宣言を手がかりにフランス人権宣言が起草されたことは疑いないといわれている。

　※フランス人権宣言
　　第一条　人間は自由かつ権利において平等なものとして生まれ、また、
　　　　　存在する。〔以下、省略〕
　　第二条　あらゆる政治的団結の目的は、人間の自然で時効により消滅することのない権利の保全である。それらの権利とは、自由、所有権、安全および圧政への抵抗である。
　　第三条　あらゆる主権の原理（起原・根源）は、本質的に国民のうちに存在する。〔以下、省略〕

　この宣言では、時間的空間的に限定された諸原理を明言するのでなく、人間社会に共通の普遍的原理を認めており、アメリカ独立宣言と同様に普遍的人権を謳っているのである。

　b）自然権思想（前国家的権利）**から後国家的権利へ**：しかし19世紀になると実証主義の影響が強くなり、人権も後国家的権利という見方が現れてきた。例えばフランスでは王政復古に伴い、その憲法の最初の12ヵ条を「フランス人の公権」（Droits publics des Français）として法の前

の平等や人身の自由、表現の自由、財産の不可侵などを定めたが、この表題自体が1789年の「人および市民の権利宣言」（フランス人権宣言）と対立しており、後者が明示していた全ての国・全ての時代に有効な一般的宣言・権利ではなく、フランス人に限定した権利の列挙に変わっていたのである。

　同様の傾向は各国憲法にもみられ、ベルギー憲法（1831年制定）は「ベルギー国民およびその権利」、プロイセン憲法（1850年）は「プロイセン人の権利」、大日本帝国憲法（明治憲法、1889年）は「臣民の権利」として定めることで、かつて高らかに謳われた前国家的自然権の観念は消滅したのである。

　このような事態は、実証主義の影響のほかに、国籍に基づく国民概念がナショナリズムを高め、さらに『進化論』（ダーウィン）などの影響もあっていわゆるハイパー・ナショナリズムに至り、国民がひとつの強力にまとまった基本単位になっていたこと、さらに当時の国際社会が無差別戦争観（武力行使＝戦争は外交手段の一つとして合法的行為である）に基づく国家間の熾烈な競争を勝ち抜くために普遍性よりも個別性が重視されたためであろうとも考えられる。

　そして各国は第一次・第二次世界大戦へと向かったのであった。

　c）後国家的権利から自然権（前国家的権利）**の再生へ**：第二次世界大戦後の国際社会は、戦争を原則違法化した侵略戦争違法観に基づき、国際連合や国際司法裁判所などを設置し、集団安全保障体制と紛争の平和的解決を図ろうと努力してきた。同時に戦前・戦中に行われた非人道的行為および民主主義の欠落が戦争を招いたという考えから、国際社会および国内社会の双方で自然法思想の復活と自然権への帰依現象が顕著になった。

　　※世界人権宣言（1948年）第1条　「すべての人間は、生まれながらにして自由であり、かつ、尊厳と権利とにおいて平等である」。他の条文でも主語は「すべて人は」「何人も」となっている。

※国際人権規約前文「[国連憲章の原則に基づけば] 人類社会のすべての構成員の固有の尊厳及び平等のかつ奪い得ない権利を認めることが世界における自由、正義及び平和の基礎をなすものであることを考慮し、これら権利が人間の固有の尊厳に由来することを認め、」〔以下、省略〕

　各国憲法でも同様に、基本的人権を前国家的または憲法以前の人間の権利として捉える傾向が見出される。

※フランス第四共和国憲法（1946 年）前文「自由な各地の人民は、人間を屈従させ、かつ堕落させることを試みた諸制度に向かって勝利をもたらしたが、この勝利の翌日にフランス人民は、再びすべての人間が種族・宗教・信仰の差別無く、譲渡することのできない神聖な権利を所有することを声明する。フランス人民は、1789 年の権利宣言によって承認された人および市民の権利及び自由並びに共和国の諸法律によって承認された基本原理を厳粛に再確認する。」

　これらは基本的人権が「人間の権利」なのか「国民の権利」なのかという点で、権利の由来と性質に関する観念の相違を示している。前者の場合、人権は憲法が確認した権利となり、後者の場合は憲法が創設した権利ということになる。

　歴史を鑑みると、この両観念が相互に入れ替わりながら進行していることが分かるが、入れ替わること自体の是非については議論すべき問題であろう。少なくとも現在は、「人間の権利」の時代であるが、何を原因として両観念が入れ替わるのかも重要な研究対象である。

2）アメリカ独立及びフランス革命を擁護した社会契約論

　人権を保障する憲法を近代憲法というが、その成立を擁護し、理論的基礎を与えているのが、いわゆる社会契約論（Theory of Social Contract）である。社会契約説（論）については法学入門編「3．現段階における前提——モデル理論としての社会契約説」で述べているので、当該箇所を参照すること。

　社会契約論に基づけば、当該契約を一般意志で作り上げることのでき

る存在を主権者＝国民主権とする考えも成立するのであり、日本国憲法は理論上は当該過程で作られた民定憲法であり近代憲法であるということになる。また、社会契約に基づいて国内法が設定されることから、当該契約＝憲法は最高規範、授権規範、制限規範という性質を有することになるのである。

　　※日本国憲法第1条「天皇は、日本国の象徴であり日本国民統合の象徴であつて、この地位は、主権の存する日本国民の総意に基く。」

　　〈参考〉大日本帝国憲法の憲法発布勅語「朕国家ノ隆昌ト臣民ノ慶福トヲ以テ中心ノ欣栄トシ朕カ祖宗ニ承クルノ大権ニ依リ現在及将来ノ臣民ニ対シ此ノ不磨ノ大典ヲ宣布ス」

(4) 国家の形態

　国家の形態を歴史上の事実に基づいて、いくつかの基準によって分類すると、凡そ次のように大別できる。

1) 君主制国家と共和制国家

　君主制（Monarchy）と共和制（Republic）の相違は、国体（国家権力の担い手がどこに帰属するかによる国家の態様）にあるといえよう。前者はそれが君主に帰属している態様の国家を意味し、後者は国民全体もしくは一部の特権階級に当該権力が帰属して、国の政治が国民の代表機関によって行われる国家をいう。

　君主の要素について一般には、①統治権の総覧者または行政権の首長であること、②対外的に国家を代表する地位にあること、③独任機関であること、④伝統的な尊厳を有していること、⑤世襲制および不可廃立性を持つこと、⑥象徴性があること、といわれている。大日本憲法における天皇は上記の意味でも君主であることに間違いないが、日本国憲法における天皇は特に①の要件を欠いており、またその地位は主権の存する国民の総意に基づく（第1条）ことから、不可廃立性は有していない。そのため、天皇は君主であるか、あるいは元首であるか、日本国は君主

制国家であるか、共和制国家であるかといった点で議論が分かれている
のが現状である（象徴天皇に関しては下條芳明の論考が有益である。153頁の引
用・参考基本文献を参照）。

2）専制国家と立憲国家

政体（統治権行使の形態、すなわち国家権力の主体が如何なる組織・方法で主権
を行使するか）の相違によって、専制国家と立憲国家に分類できる。

専制国家（despotic state）とは、国家の全ての権力が一点（一人、一政党
など）に集中されて、統治権の総覧者が何等の拘束をも受けることなく
独断的に統治権を行使し得る形態の国家をいう。

立憲国家（constitutional state）とは、憲法を有し、それに基づいて統治
権の作用または機能を立法、行政（執行）、司法の三権に分割して、それ
ぞれを別個の機関に担当させるという、憲法に基づく（立憲主義）権力
分立制の国家形態をいう。特に基本的人権の保障、法治主義及び法の支
配を特色としており、現代社会のほとんどの国家はこの形態の国家であ
るといえよう。

3）単一国家と連邦国家

国家の構成の相違によって単一国家と連邦国家に分類できる。単一国
家（unitary state）とは、他の国家と結合することなく、統治権が中央に
統一的に集権化されている形態の国家である。連邦国家（federal state）
とは、複数の国家が結合して成立した形態の国家であり、その連邦を構
成している各国家を構成国（支分国または支邦）と呼んでいる。

ひとつの国家としての連邦とその構成単位である構成国との関係につ
いてであるが、各構成国同士は連邦内において相互に独立対等の関係を
有するが、国家主権は構成国には無くひとつの国家としての連邦のみが
有するといわれている。しかし構成国は単なる地方自治体ではなく、相
当に広範な自主独立性を有しており、それぞれが憲法あるいは軍隊を有
していることもある。現代では、アメリカ合衆国、ドイツ連邦共和国、
スイス連邦などが該当する。

(5) 法 と 国 家

1）法と国家の関係

　法と国家との関係については、凡そ二通りの考え方がある。第一は、国家が認めたものだけを法と認識するものであり、国家以前の状態において法が存在することを認めないのである。つまりこの考えだと法と国家は一体不可分の関係にあるという。これを不可分説と呼んでいる。

　第二は、国家自体を多くの社会の中のひとつに過ぎないと考える多元的社会観である。これは社会学や政治学、文化人類学などの研究成果を取り入れており、法を社会規範の一種と理解することで、「社会あるところ法あり」（ubi societas, ibi ius）という言葉でその真意を表している。つまり国家成立以前の古代社会にも法はあり、国家以外の国際社会、あるいは村落や地方自治体、会社などにもそれぞれの法があることから、法の存在を国家よりも古く且つ広範囲に考える説である。

　この両説の相違は、法の存在を認識するに当たり、その対象と範囲及び強制力などの設定の仕方に因っているといえよう。つまり前者の不可分説は、法の効力あるいは強制力を最も重視した対象と範囲を念頭においているのに対し、後者は法の存在の態様を中心に捉えているのである。その意味で、両説を合わせて理解することが必要である。

2）法に対する国家の役割

　法に対する国家の最大の役割は、国家が法の効力あるいは実効性を確保していることである。

　社会が原始的な状態から国家へと発展する過程で、法と他の社会規範との分化も徐々に明らかになり、中央集権化された国家の段階になると法の実効性は著しく強力なものとなった。つまり法は道徳などと同様に一定の価値観を内に持っているが、国家が社会を統治するうえで最も技術的な側面を法が有していたということも、国家が法の実効性を確保することになった理由のひとつと考えられる。

　したがって法は国家による強制力を有した社会規範であるといえよう。

3）国家に対する法の役割

国家に対する法の最も重要な役割は、国家または社会の組織あるいは制度を法によって形成することであり、また一定の価値観を内に有する法を執行することによって、国家または社会の意思が実現化することである。換言すれば、国家が維持発展するためには法の力を必要とするのである。

また契約説に基づけば、国家あるいは政府の暴走を止める役割も法にはある。したがって、法の無い国家はもはや存在できないといえよう。

（6）時間・法・国家・秩序

法と国家に関連して、時間の問題と秩序についても、法学の根底にある問題として言及しておかなければならない。

1）時間と法と国家

a）時間：1時間が60分で一日が24時間といったことなどは、特に意識することなく所与のものと考えられている。しかし人類の歴史を振り返ると、そこには様々な時間に対する考え方、言い換えれば時間制度が存在していた。例えば、日本の江戸時代は一時（いっとき・現代の2時間）を単位として、子の刻（ねのこく・現代の午後11時から午前1時）というように十二支を用いて時間を表していたり、中南米の古代文明では一定時期が来ると歴史が終了する、あるいは他の地域では仏教的な輪廻転生という時間（生と死の時間）観念を持って、人々は生活していた。

現在の時間は、グレゴリウス暦（Gregorian calendar・1582年にグレゴリウス13世（1572-1585）がユリウス暦を改正して制定した暦）に基づいた太陽暦に従っている。その特徴は、時間を直線的に考えるため、過去・現在・未来というように常に時間は前進していると捉えていることである。そして欧米列強が世界的な植民地獲得活動を行い、多くの地域を支配していた時期に、法制度や他の諸制度とともにこの時間観念及び時間制度も地球的規模で植えつけたのであった。

ｂ）時間と法：日本の法制度を含む欧米に端を発する法制度は、多くの点でこの直線的時間観念を取り入れていることが分かる。例えば、出生と死に関する法は実社会における人間の「生きた又は生きている」期間を確定する時間制度である。死刑制度は、人間の生の終了を決定する時間制度であり、量刑も期間を設定する点で直線的時間制度に基づいている。その他にも時効、契約の発生と終了、選挙や婚姻に直接関係する年齢の設定、法令の公布と改廃、著作権の保護期間、相続権の発生時期、首相の任期、労働時間、任期、定年など、法の内容の非常に多くが直線的時間制度に基づいて作り上げられている。換言すれば法制度は時間制度であるといっても過言ではないであろう。

　ｃ）時間と法と国家：国家は、現実にはその歴史過程において種々の理由から欧米的法制度を採り入れ、それによって国内社会の整備を達成した。欧米的法制度を国家が受け入れたとき、同時に直線的時間制度も受容しなければ、当該法制度は機能しないことになる。例えば、死刑制度について輪廻転生的な時間観念を用いた場合、死刑という行為の意味が全く異なるものになるであろう。

　前記の「法と国家」において、法は国家による強制力を有した社会規範であると述べたが、法と他の社会規範との相違点として、道徳や宗教の時間観念と法の時間観念との相違が挙げられる。つまり、法が国家による強制力を有しているとは、国家が欧米的法制度に組み込まれている時間制度に対しても強制力を持って保護・保障していることを意味しているのである。

　洋の東西を問わず時間（現代のような秒単位の時間が出現する前は暦・カレンダーが時間の中心であった）の支配と権力とは密接な関係にあった。それは農耕社会における季節ごとの作業の決定をつかさどるものが当該社会の中心人物となり、後の権力者に継続して行く。さらに軍事作戦の遂行も各戦地で同時に実施しなければならず、更に契約や会合の際にも「時」を必要とするため、時間あるいは時（とき）の支配は人間生活及び

社会にとって最も基礎となる非常に重要な要素となっていた。時の支配は、暦（カレンダー）の作成権限者として現れており、暦を支配する者が当該社会を支配するという構造が歴史上生み出されてきたのである。

　この時間と法あるいは権力との問題は、未だ十分に解明されていない法学上も非常に重要な基礎理論に該当する。

２）場所の秩序と時間の秩序

　秩序も時間制度に関連していると同時に、場所にも関連している。身近な例を挙げると、大学の授業中に受講者（学生）が私語をしていると、担当教員から注意を受けるはずである。「他の人に迷惑だから静かにしなさい」とか「聞きたくなければ教室を出て行きなさい」あるいは「学生としての常識が無い」「先生に対して失礼である」など様々な理由が示される。しかし注意された受講生にとっては、「授業内容に関係することを友人と話していたのに」「失礼と言うが尊敬できる先生とは思えない」あるいは「学生としての常識って何？」などの疑問を持つものも多い。そうなると担当教員は学則や単位認定権に言及して静かにさせるか、大教室ならば受講生が退室してしまうかでこの事態は終了する。

　この例としての授業中の教室という点に、場所の秩序と時間の秩序の双方が並存しているのである。つまり、授業と同じ時間帯に遊園地にいる者は私語以上の話し声をあげても問題にならず、運動施設の場合は走り回っても問題にならない。このことは、同じ時間内であっても場所が異なると静粛にすべきところと騒いでもよいところのように秩序が異なることを示している。また授業の間の休憩時間では、教室であっても私語は許されている。これは同じ場所であっても時間によって秩序が異なることを意味している。

　そして秩序内容は、関係する場所および時間の意味・目的によって決定される。例えば走り回っても問題にならない時間内の運動施設でも、畳敷きの柔道場内でスパイク・シューズをはいて走り回ったりすれば、秩序内容に抵触することになる。授業時間内の教室では、担当者の講義

内容を精確に聞き取り理解するために静粛にし、そのため質問は友人にではなく講義担当者に対して行うというのが、当該場所と時間の秩序内容となる。

　このように秩序とは場所と時間と内容の組み合わせによって成立しているのであり、これも国家の採用した法制度の一部である。したがって私立大学における学則に違反した学生に対する除籍処分は、国家が強制力を持って採用している法制度（契約に関する法）に基づいた、学生たる身分の終了（契約の終了）を意味し、これも場所と時間と内容に基づく秩序が法制度において具体的に現れた姿である。

法 の 効 力

（1）法の効力と法の実効性

　法の効力（validity 英　Geltung 独）とは妥当性または有効性ともいわれ、法の有する規範としての拘束力を意味する。一方、法の実効性（effectiveness 英　Wirksamkeit 独）とは、その法が実際に行われているか否かを意味する。

　特に妥当という言葉は、日常生活では「適切であること、よくあてはまること」という意味であるが、法学の場合は、法が実定法として制定され、それを守ることを要求されること、換言すれば法規範としての意味内容を実現することの要求を意味する。このことを法の妥当性と表現するので、日常生活上の用法との相違に注意しなければならない。

　また法の実効性を言い換えるならば、法規範としての意味内容が人間の行為に実現されているという事実を意味する。

　通常、両者は対比して用いられる。例えば、かつて「食糧管理法は有効だが実効性が無い」といわれたことがあった。これは、当該法には効力はあるが実際には実行されていない、ということを意味している。

　　※食糧管理法とは、戦争中の食糧不足を背景に 1942 年に制定され、戦後
　　も食糧不足が続いたため引き続き適用された法律である。当該法に基づ
　　いて政府が米の集荷・卸・小売の流通ルートを管理し、買入価格・販売
　　価格を政府が定めることで、国民に米の安定供給を図った。しかし経済
　　成長と国民の所得増加に伴い、高額でも「美味しい米」を求める声に呼
　　応して、政府ルートから外れた闇市場に自由米が出回るようになり、統
　　制が取れない状態が続いたため、1995 年に当該法は廃止された。当該
　　法は半世紀余り存続したが妥当性（有効性）と実効性の間に大きな乖離

が生じたのである。

このように、法の妥当性（有効性）と実効性とは厳密には区別される概念であるが、法自体が社会的事実の一面であること、及び長期間にわたり実効性を失った（遵守するものが全くいなくなった）法は効力を認められなくなる（妥当性を喪失する）ことから、近年では、妥当性と実効性を相互に密接不可分の関係で結合するものとして捉え、それを法の効力の本質とみなす傾向にある。

(2) 法の効力の根拠

法は妥当性をもつものでなければならない。つまり法は、人々によってその内容が実現されるに足る正当な意味・内容を有していなければならない。そこで法の妥当性あるいは効力の根拠、換言するならば、法の効力を根拠付けるものは何か、を考えなければならない。これについては、古くから多くの学説が唱えられてきた。その代表的なものを以下に記す。

1）神　意　説

法の根拠を神の意思に求める説である。世界最古の法典であるハンムラビ法典（Code of Hammurabi）やユダヤのモーゼ法典（Code of Moses）など、法と宗教との分離が明確でなかった時代においては古代の法典の多くは宗教的規範と分化しておらず、法の効力を神の意思に基づくとしていた。また法典化されていない慣習法としてのタブーなども、神の意思（精霊の意思）に基づく社会的禁忌とされていた。

中世から近世初頭にかけて宗教法学が発達し、神意説が盛んに研究されたため、王権神授説も神意説の一形態として主張されるようになったのである。

しかし19世紀の実証主義を経て宗教と科学を峻別する現代においては、当該説は経験的事実に合わないこと及び科学的根拠を欠くと批判されている。

2）自 然 法 説

　時と場所を超越する普遍の法があり、これを自然法と呼ぶ。そのため実定法の背後または上位には自然法があるゆえに、実定法が自然法に反する場合はその効力を失うとする説である。立法者は自然法の内容を探求して、それを実定法として成文化すべきともいわれている。したがって実定法の効力の根拠は、自然法であるとする。

　しかし、時と場所を超越した自然法が存在するということについて、一種の思想としては認められるが、事実とは合致しない点で、また自然法の理解の相違によって様々な法規範の内容が生み出されるという点で、恣意的な判断を招きやすいという批判がある。

3）社会契約説

　これは法の効力の根拠を社会構成員の契約に求めるものである。しかし、仮に当該説は社会契約を作成した世代の人々に当てはまったとしても、その契約の作成に直接携わらない世代の人々に対して、当該契約そのものが拘束力ある契約として継続する点に問題があり、法の効力の根拠を説明する説として疑問が呈せられている。

　これに対しては、社会構成員の意思で当該契約及び法規範の変更が可能であること、したがって当該契約等が変更されないのは、世代を経るたびに当該契約及びそれに基づく法規範を社会構成員が黙示的に承認しているためであると説明される。

4）歴 史 法 説

　法とは、民族の中で自然に発生するものであり、その民族の民族精神（Volksgeist）の発現である。そのため法の効力は、民族の法的確信に基づくことになる。

　この説は 19 世紀の初頭に歴史法学派のドイツのサヴィニー（Friedrich Karl von Savigny 1779-1861）によって主張されたものであるが、民族精神をあまりに過大視していること、及び歴史的事実に合わないと批判されている。例えばドイツはローマ法を継承したという事実、また民族内で

自然に発生したのではない新しい立法の効力について十分な説明ができないなどである。

5）命 令 説

法は人民に対する主権者の命令であり、法の効力は主権者の意思にあるとする。この説はすでにローマ帝政時代の法学者の「君主の可とするところ法の効力を有す」（quod principi placuit legis habet vigorem）という思想に見出されるが、学問的体系の整った学説として主張したのは、イギリスの分析学派のオースティン（John Austin 1790-1859）である。

しかし、法がなぜ守られねばならないかという問に対しては、主権者の命令であると答えるだけであり、それ以上の説明ができない。また慣習法の効力の根拠も説明できないなどの問題がある。

6）実 力 説

法の効力の根拠を支配者の実力にあるとし、したがってその効力は支配者の実力に基づくという。この説は、古代ギリシャのソフィスト一派によって提唱され、近世初頭には、スピノザ（Baruch de Spinoza 1632-1677）たちによって、専制国家の法に根拠を与えるために主張された。また19世紀後半においては、オーストリアの社会学者であるグムプロヴィッツ（Ludwig Gumplowics 1838-1909）およびラッツェンホーファー（Gustau Ratzenhoffer 1842-1904）たちによって主張され、法的社会主義者のラッサール（Ferdinand Johann Gottlieb Lassall 1825-1864）及びアントン・メンガー（Anton Menger 1841-1906）なども主張した。さらに、ヴィシンスキー（Andrei Janiarieirtch Vyshinsky 1883-1945）のようなマルクス主義学者によっても主張されている。

この説は、法の実効性について一部分を説明し得るが、法の妥当性の根拠については説明していない。また実効性について社会構成員の承認などが必要である点についても説明できないといわれている。

7）事 実 説

実力説を拡張したものが事実説といえる。この説は、法の効力の根拠

を事実に求める。つまり法は事実を根拠として発生し、事実に基づいて効力を有するという。イェリネク（Georg Jellinek 1851-1911）は、事実の規範力を主張した。

　しかしこの説に対しては、実力説と同様の批判がなされている。特に法が実効性を有するには、法の理念が適切か否かを考え、当該法を承認する社会構成員の多数の意思が無ければならない点を説明できない。

8）承　認　説

　法の効力の根拠は、ひとつの社会において生活を営んでいる多くの人々によって、一定の法規範が法として行われることを承認される点に求めるもので、19世紀後半のドイツの法学者ビーアリンク（Ernst Kudolf Bierling 1841-1919）によって主張された説である。

　ここにいう承認とは、当該法を積極的に支持・承認するという意味ではなく、権力による制裁を恐れてやむを得ず不承不承に当該法に従うという非自発的承認を意味し、また幼児などの無意識的承認も含む意味である。

　この説に対しては、当該社会で生活を営んでいる人々が法に対して承認を与えているというのは事実に合わない、また無意識的承認をもって幼児等に法の効力が及ぶことを説明し難いなどと批判されている。また一般に法は一定の手続によって公布・施行されるものなので、人々の承認の有無とは関係がないともいわれている。

　しかし一方では、この説は法の妥当性の根拠としては適切ではないが、法の実効性の根拠としては主要点に触れていると評価する見解もある。法が社会において現実に行われるのは、当該社会の多くの人々によって積極的あるいは消極的に承認されているからであるという。法の目的は法の実効性の基礎のひとつであるが、それは社会の多数の人々による法の承認にあり、当該目的が合理的であること自体が多数人の承認を要するからである。ラートブルフも究極において法は承認によって成立すると認めている。

9）世 論 説

　承認説をより一層積極的に推し進めたのが世論説である。つまり、法の効力の根拠を、社会の人々の積極的・能動的な世論に求めるもので、イギリスの法学者ダイシー（Albert Venn Dicey 1835-1922）によって提唱された。

　この説によると、承認説では既存の法の効力を説明することはできても、法が新しく成立することの根拠を説明できない。悪法を改廃し、新しい法を作り出すのは世論という積極的・能動的な力である。

　しかしこの説に対しては、世論は多岐に分かれるので、正確な実態把握は極めて困難であるとの批判がある。

10）目 的 説

　法に内在する目的が法を作り、法の効力を維持する根拠であるとする説である。尾高朝雄もこの説を主張していた。

　この説は、法の実効性の根拠を説明しているが、妥当性の根拠を説くものではないこと、また法に内在する目的が法を遵守する根拠のひとつにはなるが、あくまでそれは間接的な根拠であるとの批判がなされている。

11）法 段 階 説

　法規範には段階構造がある。つまり憲法、法律、命令などの関係から分かるように、上位規範と下位規範によって法秩序が段階的に構成されており、法の効力の根拠は上位の法規範にあるという。したがって下位の法規範は上位の法規範が認めた（授権した又は委任した）範囲内で、その効力を発揮し、それを超えることの無いように制限されてもいる。そして論理的に最高規範としての根本規範（Grundnorm）が仮定されることになる。

　この説はオーストリアの公法学者であったハンス・ケルゼン（Hans Kelsen 1881-1973）が唱えた純粋法学において主張された。

　しかしこの説に対しては、法の妥当性を説明できても、法の実効性に

ついては説明できないこと、及び成文法を改廃する慣習法の効力については、説明できないという批判がある。

　以上のように法の効力に関する学説は多いが、厳密に言えば、法の妥当性の根拠と法の実効性の根拠は異なるものなので、この両者を分けて考えれば、上記の中から説得力のある学説も見出すことができるであろう。しかし現実の社会では両者が一体となって法の効力を保持していることから、それぞれの時代、社会構造、社会の背景となる文化や宗教などの違いによって妥当する学説が異なると考えられる。同時に、これからの国内社会がこれまで以上に国際社会あるいは世界の影響を強く受けるようになると、特定の国内社会だけに通用するという意味での法の効力の根拠ではなく、国際社会全体に通用する学説を考える必要性も生じることであろう。しかし現実にはイスラーム国家やイスラエルのような特定宗教を基盤とする国内社会、あるいはアジアなどの固有の伝統的法規範を有する国内社会などが並存しつつ相互の関係性を強くするであろうと予想するならば、法の効力の共通する根拠を模索することは重要であるが、より一層困難な作業になるといえよう。しかし地道に続けていかなければならない重要な学習・研究分野である。

(3) 悪法の効力

　悪法も法であるか否かという問題は、古くから議論され、同時に法の本質にも関わってくる。ここでは法の効力という視点からのみ、簡略に記述しよう。

　悪法とは誰にとって悪法か、という問題がある。ここにいう「誰にとって」という点に、この問題の難しさが内在している。各人は、宗教、文化、世界観など多様な主観を有しており、それぞれの主観から法の評価を定めることも可能である。そうなると、ある者にとっては悪法が、他のものにとっては悪法ではないという結果が生じる。そのため、悪法

の判断基準を各人の多様性に依拠することはできなくなってしまう。

そこで法の実効性と妥当性に基づいて検討しなければならないが、その詳細は法学の他の分野（法哲学や法社会学）に踏み込む必要が出てくるので、ここでは省略することにする。

しかし、上記の法の効力の根拠に関する諸学説及び法と国家との関係などを考慮するならば、現代の社会が国民主権に基づく民主社会であり、社会契約論や承認説に基づくとすると、形式上、法が正当な手続で制定され、裁判規範として用いられている場合は、当該法の内容が「悪」であると評価する者がいたとしても、当該法は法であり、効力を有すると考えなければならない。その意味で「悪法もまた法である」（Dura lex, sed lex）ことになる。

同時に、当該法を悪法と評価する者が多ければ、民主的で正当な手続に基づいて改廃しなければならない。その際の認定基準は、最終的には基本的人権が守られているかどうかという点に求められなければならないであろう。このことは、民主社会であるならば、当該社会の構成員は常に法の内容を監視し続け、矯正し続けなければならないことを意味しているのである。

法的思考の演習

　下記の具体的問題を法的思考に沿って、且つ必要な部分を自分自身で調べて結論を導いてみよう。文書にする際には、前述の法学入門編「7. 法的思考」の「(1) 一般的な法的思考」のように、「1. 適用条文」〜「4. 学説の検討」〜「7. 結論」というように、数字をつけた小見出しを必ず書くこと。この点が従来の国語の書き方とは異なるので、注意すること。また、法的思考の演習として、今回はこの問題を「日本国憲法の問題」として考えてみること。

【問題】

　白山東洋社は、アフリカ諸国から安価な原材料を仕入れ、それに手数料を上乗せして欧米先進国に高額で売り、利益を上げる営利法人であった。

　2017年3月に白山大学を卒業したA君は同社から内定を得て、4月1日から6ヶ月間の試用期間を経た後、9月末日に本採用をしない通知を同社から受けた。その理由は、A君が試用期間中にアフリカ関係の業務を行った際に、同社の利益よりも貧しいアフリカの国々の人々に対して有利になるような行動をとり、同社の予定していた利益よりも遙かに低い利益しか上げられなかったこと、さらに同社の調べでは、A君はもともと大学在学中からボランティア活動に熱心で、特にアフリカの貧しい人々のために意義ある活動をしたいと考えており、そのような活動が出来る勤め先を探していた、ということもはっきりしたからであった。

　そこで同社は、予定の利益を上げられなかったのは、A君の考え方と同社の方針に離齬があるためであり、このままA君を雇用し続ける

と同社に損害を与えかねないという推測から、A君を本採用しなかったのである。

　このような同社の措置に対してA君は、自分がどのような思想を持とうと、それは自由であり、日本国憲法で保障されている思想信条の自由なのだから、同社の方針よりも優先するので、両者に齟齬が生じて同社に損害が出たとしても許容範囲であると考えて、東京地裁に同社を思想信条の自由を侵害したとして訴えたが、同社はそれに応戦するとした。

【考え方の前提】

1. 紛争当事者は私人（個人）と会社（法人）との紛争である。
2. 紛争当事者の考え方（思想信条）が一致しないことが要因である。
3. 思想信条は日本国憲法第19条で保障されている。

【考え方のポイント】

1. 憲法は私人の権利（人権）が権力によって侵害されることを防ぐことを役割としている（近代憲法）。
2. 会社は人なので人（私人）と人（法人）との間には憲法ではなく民法が適用される（契約の自由）。
3. 憲法上の「思想信条の自由」が「契約の自由」によって侵害されてよいのか（「Xという思想にしなければ採用しない」が認められるのか）。

【論点】

　日本国憲法第19条は第3章「国民の権利及び義務」に規定されているが、主語のない条文は全ての者（何人／なんぴと）にも適用される性質であるため、法人（会社）も当該自由を享受できるのか。

【法的思考に当てはめると】

　（0. 具体的問題は実際は記述しないでよい）

1. 本件の適用法規は、日本国憲法第19条である。

2. 本件の問題を再構成すると、思想信条の相違を原因として私人が法人に雇用契約を拒否された。

3. 本件の解釈問題（争点）は、憲法第19条の思想の自由は法人にも適用されるのかである。

4. 本件に関する学説を検討する。

   (1) 無適用説は、憲法は私人と権力の間で適用され、私人間には民法が適用されるので、憲法第19条は適用されないとするものであるが、……（長所・短所）。

   (2) 直接適用説は、私人間といっても相手は法人（企業）であり、一個人と比べると非常に大きな存在であるため、一種の社会的権力ゆえに権力対私人の関係と同じとみなされるので憲法第19条は適用されるとするものであるが、……（長所・短所）。

   (3) 間接適用説は、憲法第19条は私人間には直接適用されないが、その趣旨は直接適用される民法を通して実現されるとするものであるが、……（長所・短所）。

5. 本件に関係する判例には最高裁判決が出された三菱樹脂事件があり、当該事件は……というものであった（同じ争点の事件であることを簡潔に記述）。そこでは、①前提として法人にも憲法第19条の思想信条の自由は適用される、②そのうえで、私人間に直接適用される民法を通して憲法の趣旨が適用される、として、法人の有する思想信条（憲法）と異なる思想信条を有する私人を雇用するか否かは契約の自由（民法）で決定できるとした。これは学説における間接適用説の採用である。

6. 本件に上記に間接適用説を当てはめると、白山東洋社にも憲法第19条は適用されるので、民法に基づいて自己と思想信条の異なるA君を採用（雇用契約）する義務はない。

7. 結論として、被告（白山東洋社）には違憲行為は認められない。

   ※実際の判決文は、上記の様な詳細な区分けを行うことなく、「理由」と

いう部分が構成されているが、当該部分を上記の様な区分を意識して読むことが非常に重要な訓練となる。

【挑戦問題】

◦ A国の領海をB国の軍艦が通過した。A国はB国の行為は国連海洋法条約第17条違反であるとして国際司法裁判所に提訴した。A国は違法性を否定している。

◦ 国連海洋法条約第17条「すべての国の船舶は、沿岸国であるか内陸国であるかを問わず、この条約に従うことを条件として、領海において無害通航権を有する。」

◦ 「領海」とは国家安全保障のために設定された国家主権の及ぶ海域である。

◦ ヒント：船種別規制説、行為態様別規制説、コルフ海峡事件

　　※これは国際法（International Law）の問題であるが、考え方は同じである。

　　※イメージ図：問題を図式化することは重要。

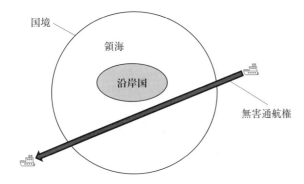

① 適用法規は、第17条

② 解釈問題は、「船舶」に「軍艦」は含まれるかどうかである。

③　学説は、船種別規制説（船の種類に基づいて規制する）と行為態様別規制説（船の種類でなく行動によって規制する）が対立している。

④　判例には、コルフ海峡事件（英国軍艦がアルバニア領海内（コルフ海峡）を通過した事件）がある。国際司法裁判所（ICJ/International Court of Justice）は行為態様別規制説を採用。当時の英国軍艦は縦列航行（敵意や攻撃意思はないことを示す隊列）であったため、無害通航ができるとした。

⑤　当てはめると、B国軍艦の通過形態によって違法性の有無が決定される。

適用法選択の演習

(1) 前回までの授業で学んだ原則に基づいて、下記の「2016年 y に係る事件」に適用される法を選択してみよう。その場合、当該事件と A 法および B 法との関係で適用法の可能性が二つあることに気づいてみよう。

［練習問題：2016年 y 事件への適用法は？］

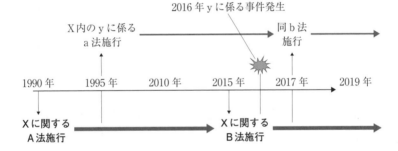

また次の事件への適用法も考えてみよう。

【前提条件】

A 法と B 法は一般法と特別法の関係にある。

A 法が改正されて A' 法になり、さらに改正を経て A" 法になった。

B 法が改正されて B' 法になった。

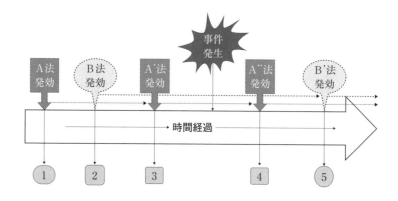

(2) 下記の問題も考えてみよう。

　A国は珈琲好きの国民が多数いたため、特別に珈琲法を制定し、その中に以下の条文が規定されていた。

珈琲法第3条第1項「珈琲店は、甲大学に現に学籍を有する者に対し、珈琲を無料で、申請された杯数を提供しなければならない。但し、法学入門の授業を1回以上欠席したものの申請数は1とする。」

珈琲法第3条第2項「前項の規定にかかわらず、甲大学に在籍する女子学生は、珈琲店に対し珈琲を無制限に申請することができる。但し、法学入門の授業を2回以上欠席した場合の申請数は1とする。」

問1　法学入門を1回欠席した甲大学に在籍する女子学生が珈琲店に対して申請できる数を答えよ。

問2　珈琲店に対する乙大学に在籍する学生の申請できる数を答えよ。

法律文は外国語文？

　外国語を勉強するとき、最も基本となるのが単語を覚えることである。文法の理解は比較的容易だが、とにかく知らない単語が出てきた場合、その都度辞書で調べて、覚えながら読み進めるであろう。実は法律文書も同じことが言える。

　そこで、次の文をどのように理解するであろうか？

　　「A氏とB氏との間で不動産に関する使用貸借か賃貸借かという問題が生じた。結局両者の間で話し合いによる決着がつかなかったため、原告と被告として争うことになった。この問題の主な原因は、被告が善意で示した提案が、原告にとっては自分の勤務先の寄付行為に反するということであった。」

　この文は日本語なので、読むことは可能であろう。しかし日常生活では使用しない用語あるいは意味の異なる用語によって作成されている。使用貸借、賃貸借、原告、被告、善意、寄付行為がそれにあたる。

　使用貸借と賃貸借は、貸借が共通しているので、不動産の貸借つまり不動産を貸すこと、借りることであると考えられる。では使用貸借と賃貸借の相違は何か。これが法律学（民法）の専門用語なのである。簡略に言えば、使用貸借は使用料を支払わずに貸借することで、賃貸借は使用料を支払って貸借する意味である。この相違は何かというと、使用料を支払わない使用貸借で不動産を使用している者は、持ち主の立ち退きの要求に無条件で従わなければならないが、賃貸借の場合は借りている方にも一定の権利が認められるという違い（法的効果）が発生する。

　また原告とは裁判に訴える側、被告は訴えられる側を言い、法律学で「被」が付いた場合は「〜される」という意味になる。例えば被疑者、

被害者などである。ゆえにA氏とB氏のどちらかが一方を訴えた（他方は訴えられた）ということが明確になる。原告と被告という表現は裁判の場で用いられるので、文章中には出てきていないが、この両者は裁判所で争うことになったということが分かるのである。

さらに善意というのは、日常生活では「良い心」「親切心」「好意」という意味なので上記の文章を「被告が親切心で示した提案」と理解したくなるが、法律学では「善意」とは「知らないこと」という意味である。したがってこの文章は「被告が（事情を）知らずに示した」という意味になる。寄付行為も同じで日常生活では「寄付」は「公共事業や社寺などに金品を贈ること」という意味なので、そこから「寄付行為」は「何かを贈る行為」と理解されがちだが、法律学で「寄付行為」というのは「財団法人の根本規則」という意味なので、一種のルールということになる。そのため上記の文書は「勤務先のルールに反する」という意味になる。これも法律学の専門用語である。

この様に法律文書は、日常生活の意味とは異なる法律学の専門用語を使用した日本語ということになるので、それを理解し、知っていないと、法律文書を正確に読み、理解することができなくなるのである。それが法律が分かりづらく難しいといわれる原因の一つであろう。その一方で、それぞれの専門用語の意味が明確に定まっているため、それらを使用して書かれた文書は、その意味が非常に明確になるという長所を持っている。これが法律文書の特徴である。

では、最初の文を法律用語の意味に基づいて、かつ日常表現で書くと次のようになる。

「A氏とB氏との間で、持ち主の立ち退きの要求に無条件で従わなければならない使用料を支払わない不動産の貸し借りか、あるいは不動産を借りている方にも一定の権利が認められる使用料を支払っての貸し借りかという問題が起こった。結局両者の間で話し合いによる決着がつかなかったため、一方が他方を正式な訴訟手続に従って裁判所に訴えて決

着を付けることにした。この問題の主な原因は、訴えられた方が何も事情を知らずに示した提案が、訴えた方の勤務先の根本的なルールあるいは設立文書に反するということであった。」

　法律を全く知らない者にとっては、上記の文の方が分かりやすいと思われるが、最初の僅か三行余の文が約二倍の六行になっている。実際の法律文は数百行から数千行あるいはそれ以上になることもあるので、その内容を日常生活の表現で示すと、それらの二倍から三倍以上になり、曖昧な表現が多用され、内容の明確性が失われることにもなる。そのため、他の学問分野でも同じであるが、法律分野では特に専門用語を駆使して文書の明確性、正確性を確保しながら執筆されることになるのである。

「的」を使用せずに文書を書くこと

　私たちがレポートあるいは卒論、学術論文などを書く時、無意識のうちに「的」を使用していることが多いであろう。しかし、明確で正確な文を書こうと思えば、確定した専門用語以外は、この「的」を使用しないで書くことを意識しなければならない。

　例えば「……は法的には許容されると考えられる。」という表現が論文で出てきたとき、どのように理解するであろうか。一見すると分かりやすいように思われるが、実は厳密に読むと、意味が全く分からないことが多い。

　辞典を見ると日本語の「的」には、一般には、①ある性質を持ったという意味、②ある分野、ある方面にかかわるという意味、③〜の、〜における、〜のような、〜らしい、という意味、があるとされている。そこで③の意味だけを取って考えてみても、この場合の「的」が「〜の」や「〜における」という意味であったならば、上記文では具体的な法令名および条項を記述すれば良いことになる。「日本国憲法第九条第一項に基づけば許容されると考えられる」というように。また「的」が「〜のような」「〜らしい」という意味であるならば、「法的」は「法のような」「法らしい」ということになり、実際は「法」ではないことになる。ではそれは何か、具体的に書けばよいのである。しかし「法的」と書いて具体的なことが書かれていないということは、執筆者自身が「法的」とは当該文の中で何を意味するのかという点を理解していない、あるいは分かっていないまま使用していることが非常に多いのである。そうであるならば、読者は「法的」と出てきた瞬間に頭の中で上記①〜③の中のどの意味で執筆者が使用しているのかを考え、判断しながら文意を読

み取ることになるが、「法的……」と近い箇所で「政治的……」あるい
は「社会的……」などの表現が出てきたならば、上記の夫々の選択した
意味一つ一つに対応してさらに同じ選択を対応させながら、つまり樹形
図のような組み合わせの中から適切な意味を判断しなければならず、同
時にその判断が執筆者の意図と合致している保証もないため、最終的に
は当該文の意味が全く不明になり、解読不可能となってしまう。これで
は、法律文どころか学術文書を書くことなどできなくなるのである。

　もし「的」を使用せずに具体的に記述した場合、例えば「法的」なら
ば二文字で済むのに「日本国憲法第九条第一項」と書けば十一文字に
なってしまい、文書自体の分量が増加するという懸念も出る。しかし、
「法的」という曖昧な表現を使用したならば、そののちの文書には「法
的」に関連するあらゆる内容を記述しなければならなくなるが、「日本
国憲法第九条第一項」とすればこのことに関する事項だけを記述すれば
良いことになり、結果として文書のスリム化、明確化、正確化が達成で
きるのである。

　この様に学術文書を執筆する場合には、例えば刑法における「社会的
相当性」のような意味内容が確定している専門用語以外、「的」を使用
しないで文書を書くように心がけることが大切なのであり、そうするこ
とによって執筆者自身の考えも明確にまとまることになるのである。

法解釈の事例

　法律学における解釈とは、用語あるいは文の意味を明確にすることである。法学の中心は法解釈学であるが、要は実定法上使用されている用語あるいは条文の不明瞭な意味を明確にする方法を学ぶことである。

　条文あるいは用語自体は日本語で表記されているため、一見すると特に問題はないように思えるが、事件が裁判所の審理に掛けられた場合、当該用語あるいは条文の意味が不明瞭なため、結審できないことが生じる。その例として 1995 年 1 月 27 日に最高裁第二小法廷判決が出した「1994 年（行ツ）71 号国籍確認請求事件」（通称「アンデレ（君）事件」）を見てみよう。

　1991 年 1 月にセシリア・ロゼテと名乗る女性が長野県小諸市内の病院で男児を出産後、消息不明となった。そのため当該病院の医師が出生届の届出人になり、母親欄には 1965 年 11 月 21 日生まれのセシリア・ロゼテと記載したが、当該人及び男児の国籍は記載されなかった。

　当該男児を養子にすることになったアメリカ人牧師のリース夫妻は、この男児にアンデレと名付けた後、諸手続きを行ったが、実の母親の国籍あるいは父親の国籍が記載されていなければ子供の国籍を決定できない。そうなれば外国人登録をさせるのか否かの判断もつかないため、小諸市役所は地方法務局に対して「受理伺い」を行った。その結果、病院関係者などの証言から母親はフィリピン人らしいとのことだったため、セシリア・ロゼテとアンデレの国籍をフィリピン共和国として受理して差し支えない旨の回答があった。それに基づいてフィリピン国籍として登録されたが、その後フィリピン大使館からセシリア・ロゼテはフィリ

ピン国籍として認められないという回答が来たため、アンデレは改めて無国籍として再登録された。

　リース夫妻はアンデレを無国籍のまま養子にしたが、そののち、アンデレは日本の国籍法第2条第3号の「父母がともに知れないとき」に該当するので、日本国籍を取得できたはずとして、国籍確認を求める訴えを起こしたのであった。

　国籍法第2条（出生による国籍の取得）　子は、次の場合には、日本国民とする。

　一　出生の時に父又は母が日本国民であるとき。

　二　出生前に死亡した父が死亡の時に日本国民であつたとき。

　三　日本で生まれた場合において、父母がともに知れないとき、又は国籍を有しないとき。

　第一審の東京地方裁判所は、アンデレが「父母がともに知れないとき」に該当するとして、アンデレの請求を容認したが、国側（法務省）が控訴した。第二審の東京高等裁判所は、自己が日本国の国籍を有することの確認を求める訴訟においては、当該主張者が国籍取得の根拠となる法律に規定された要件に自己が該当する事実を立証しなければならないとした。続けて、立証責任（挙証責任）を有するアンデレが「父母がともに知れない」ことをうかがわせる事実を立証したとしても、国側が「父または母が知れている」ことをうかがわせる事実を立証し、一応、父または母と認められる者が存在することをうかがわせる事実を立証したときは、「父母がともに知れない」ことについての証明がない、というべきであるといい、アンデレの母親とされる女性は、外国人出入国記録およびフィリピン共和国旅券発行記録に記載されたセシリア・ロゼテと同一人物である蓋然性（がいぜんせい）がたかく、アンデレの母が知れないことが証明されたものとは言い難いとして、原判決を取り消し、アンデレの請求を棄却した。

※蓋然性とは、通常、自然に考えたらそのようになる、という意味である。
　　※原判決とは、審理中の事件に関するひとつ前の判決を意味する。最高裁
　　　の場合は高裁判決、高裁の場合は地裁判決、というようにである。原判
　　　決を出した裁判を原審あるいは原裁判という。

　しかし学説は、国は父または母のいずれかにつき、その身元を探索す
るための何らかの手掛かりがあるということを示すだけでは足りず、父
母のいずれかについて子が親と同じ国籍を取得することを可能にし得る
程度にこれを特定して示す必要があるとし、第一審（東京地裁判決）を支
持する見解が有力であった。
　この様な流れを受けて、最高裁判所は、第二審判決（東京高裁判決）を
破棄し、「法2条3号［国籍法第2条第3号］にいう『父母がともに知れな
いとき』とは、父および母のいずれもが特定されないときをいい、ある
者が父または母である可能性が高くても、これを特定するに至らないと
きも、右の要件に当たるものと解すべきである」とし、第一審（東京地
裁）同様にフィリピン人女性と母親との同一性について疑問があるとし
て、アンデレに日本国籍を認めたのであった。
　この事件では、国籍法第2条第3号の条文中の「父母がともに知れな
い」という表現の意味することが争点（解釈問題）となった。より絞り
込めば「知れない」というのは如何なることを意味するのか、というこ
とである。最高裁は、「特定されること」を「知れている」と解釈し、
特定されていなければ「知れない」という要件に該当すると判示したの
である。

頭 の 体 操

「悪徳高利貸しの甲は、会社を立ち上げようとする若者の乙に金1000万円を貸した。その契約書の中で、『もし指定期日までに借入金を返済できない場合は、乙は自身の右腕を切り落として甲に代物弁済を行う』、という条文があった。

返済指定期日が来ても乙は借入金を返済できなかったため、甲は乙に対して右手を切り落として返済するように請求した。乙は、そのような残忍で、肉体的苦痛を伴い、出血もするようなことは回避したいと思い、知り合いの法律家に相談した。

法律家は、この契約について色々な解釈を試みて、乙を救済しようとしたが、甲も法律家に相談し、様々な解釈を行って返済を迫った。」

様々な条件の下で、上記の契約内容を解釈してみよう。

日本国憲法の要点編

本編は、日本国憲法についての詳細を説明するのではなく、公務員試験の法律科目における憲法という視点に立って、必要最小限であるが十分な要点を簡潔にまとめたものである。そのため、講義担当者が、本編に記載されている具体的な裁判や事件について、授業中に受講生に対して説明することを前提としている。

　すでに法学入門編の「5.　日本国憲法という社会契約の構造」で述べたように、日本という社会は日本国憲法（以下、「憲法」という）という社会契約を基礎として成立している社会である。この憲法は、人権保障を目的としている近代憲法という種類に該当する。つまり日本の社会を基礎づける社会契約の目的は、人権保障である。そのため、憲法は、基本原理、人権編、統治機構編に分かれており、その全てが人権保障を達成するために定められている。以下での、それぞれの要点を簡潔にまとめよう。

1.　基 本 原 理

　憲法の基本原理は、①基本的人権の保障、②国民主権、③戦争の放棄（平和主義）である。憲法第1条では国民統合の象徴としての天皇の地位は「主権の存する日本国民の総意に基く。」と明記されている。象徴天皇ということ自体が日本という国家の歴史及び文化を前提にしている独自の存在であり、大日本帝国憲法（明治憲法）の下では天皇大権や統帥権の独立によって、国民は「臣民」（天皇の家来）という地位であった。さらに「法律の留保」によって明治憲法に明記されていた臣民の権利も法律によって制限可能となっていたため、実質的には人権が保障されているとは言えなかった。そのような状況の下で、当時の日本（大日本帝国）は第二次大戦を引き起こした一端を担ってしまったため、戦後は武力によって国際紛争を解決することを放棄するという平和主義を採用し

たのである。

　戦争を放棄し平和裏に生存するためには、自由な民主社会を継続しなければならないという考えの下、人権を保障するために社会構成員が臣民から国民に変わらねばならず、その国民自身が社会契約を創れる権限（主権）を持たなければならない。そのため国民が主権を有することになった。さらに戦争を放棄し、自由で民主的な社会を作り、継続するためには、国民の人権が保障されていることが必要であるため、憲法という社会契約を創る際に人権保障を明記しつつ、平和主義も同時に採用したのである。このことから、国民主権と人権保障は最も重要な要素となり、その結果として平和主義が達成されるという関係が構築されたのであった。

2. 人 権 編

　憲法における人権は学問上、（1）自由権と（2）社会権及び（3）その他の人権の三種に分類される。

(1) 自　由　権

　人権の歴史から近代憲法がまず保障したのが自由権であり、それはさらに精神的自由権、経済的自由権、身体的自由権に分けられている。

1）精神的自由権

　精神的自由権は、a）思想・良心の自由（第19条）、b）信教の自由（第20条）、c）表現の自由（第21条）、d）学問の自由（第23条）がある。

　a）思想・良心の自由：思想・良心とは個々人の世界観や価値観あるいは主義・主張を意味する。これらが個人の内面（心の中／頭の中）に留まっている限りは如何なる干渉も受けない「絶対無制約」であるが、他者の目に触れたり伝わるなどした場合には「公共の福祉」の視点から制

約される場合もある。また心の中（頭の中）のことを「外に出しなさい」とか「表明しなさい」と公権力（国など）から強制されることはなく、それを「沈黙の自由」とも呼んでいる。思想・良心の自由に関して有名な事件は、いわゆる「謝罪広告強制事件」「麹町中学内申書事件」「『君が代』ピアノ伴奏拒否事件」がある。謝罪広告強制事件とは、新聞広告として真実を告白して謝罪をすることを裁判所（国家権力）が強制したとしても、思想・良心の自由を侵害してはいないので、憲法違反にならない（合憲である）とされた事件である。麹町中学内申書事件は内申書の記載内容（学生運動をした）は受験生本人の思想・信条自体が書かれているとは言えず、さらにそこから本人の思想信条を了知することも出来ないため違憲ではない（合憲である）とした事件である。また「君が代」ピアノ伴奏拒否事件は、音楽の教諭に卒業式での「君が代」ピアノ伴奏を行うように強制することは、必ずしも音楽教諭の思想・信条（世界観や価値観）を強制することには該当しないので合憲であるとした事件であった。

　b）**信教の自由**：信教の自由は、信仰の自由（宗教・神を選択する権利）、宗教行為の自由（礼拝などの宗教行為を行う権利）、宗教的結社の自由（教団などの宗教グループを作る権利）、無神の自由（神や宗教を信じない権利）を意味する。ここで問題となるのは、政教分離原則である。憲法第20条第1項「いかなる宗教団体も、国から特権を受け、又は政治上の権力を行使してはならない。」と同条第3項「国及びその機関は、宗教教育その他いかなる宗教的活動もしてはならない。」から発生する原則である。しかし実生活上、国あるいは公権力と宗教とのかかわりを皆無にすることは現実的にはできていない。宗教系の学校への私学助成金なども行われている。そこで政教分離については「ある程度の分離」を前提として、「目的効果基準」という方法でチェックが行われている。つまり国（公権力）が宗教にかかわる目的に「宗教的意義」があり、宗教を「援助、助長、あるいは圧迫、干渉」をしているとみなされるときは違憲となる、

というものである。実例として「津地鎮祭事件」「愛媛玉串料訴訟」「空知太（そらちぶと）神社事件」などがある。津地鎮祭事件は、市の体育館新築時に行われる地鎮祭への公金支出について、新築時に行われる地鎮祭は宗教行事というよりも「社会的な儀礼」ゆえに合憲とした事件である。愛媛玉串料訴訟は、神社に奉納する玉串料（公金から支出）は「社会的儀礼ではなく宗教的意義のある行為」なので違憲とした事件である。空知太神社事件は、神社に対して市所有の土地を無償で使用させることは、市と神社（宗教）との「かかわり合いが限度を超える」ため違憲とした事件である。但し最後の事件では裁判所は目的効果基準を使用せず判断した。

　c）表現の自由：表現の自由とは、表現行為に対して、国（公権力）から干渉されないことを意味する。ここで表現とは、新聞、雑誌、ラジオ、テレビ、絵画、写真、映画、音楽、芝居、ダンスなど形に表すことのできる全てを意味する。

　この自由が重要なのは、「自己実現の価値」と「自己統治の価値」が包含されているからである。前者では、表現方法を考えること自体が自己の内面を向上させる価値があるということで、後者は自己の内面を表現することで他者にそれを伝えることができ、特に選挙の投票時の意思決定に有意義である。そのため、表現の自由は一見すると芸能分野を想像しがちであるが、それ以上に政治、政策などに関するアイディアを表明することも含まれている。

　この表現の自由から次の自由及び権利が導き出され、裁判所も判決を通して認めている。「知る権利」「報道の自由」「取材の自由」「法廷でメモを取る自由」「アクセス権」である。

　「知る権利」は国民が情報を取得する場合に国（公権力）から妨害されない権利（自由権）である。一方、国（公権力）に対して情報公開を請求する場合は、この「知る権利」ではなく「情報公開法等」を根拠としなければならない点に注意すること。

「報道の自由」は、事実を伝える権利であり、「表現の自由の保障の下にある」権利である。

　「取材の自由」とは、報道の材料を探す権利を意味し、報道の自由とともに民主社会を支える重要な権利となっているため、表現の自由の精神に基づいて「十分に尊重に値する」。

　「法廷でメモを取る自由」とは、裁判の審理中に法廷内でメモを取る権利であり、これも表現の自由の精神に照らして「尊重されるべき」ものである。

　「アクセス権」とは学問上提唱されている考えであり、一般の人がマスコミ等に対して自己の見解を公表する場を提供するように要求する権利とされている。しかし裁判所は未だこの権利を「認めていない」。

　さて、表現の自由に関する裁判例をみると、「石井記者事件」「外務省秘密漏洩事件」が有名である。「石井記者事件」では、新聞記者には裁判所での「証言拒絶の権利は認められない」とされ、「外務省秘密漏洩事件」では、公務員に対する新聞記者の取材行為については、その方法が法の精神に照らして相当であるならば違法とはならず、正当な業務行為であるとした。但し当該事件では正当な業務行為とは認められず違法となった。

　そのほかの重要な点は、「検閲は例外なく絶対に禁止される」。検閲とは、「公権力（行政権）が」公表前の表現物の内容をチェックし、公表や発表を禁止することを言う。しかし、公表等に関して「厳格な要件を満たすならば」裁判所（司法権）は出版物等の事前差止めを命ずることができる。

　この検閲に関する裁判例としては、「教科書裁判」「税関検査事件」「北方ジャーナル事件」がある。「教科書裁判」では、「教科書検定制度は検閲には該当しない」とした。なぜならば、教科書検定で不合格になったとしても一般図書として公表・発売が可能であるからである。「税関検査事件」では、「税関検査は検閲には該当しない」とした。なぜ

ならば、税関検査は思想の内容を審査する制度ではなく、また、当該物はすでに外国では発売済みであるからという。「北方ジャーナル事件」では、裁判所が行う事前差止めの仮処分は「検閲には該当しない」とした。

d）学問の自由：学問の自由には、「学問研究の自由」「研究発表の自由」「教授の自由」がある。「学問研究の自由」は、真理を発見するために研究を行う権利、「研究発表の自由」は研究成果を他者に対して発表する権利、「教授の自由」は他者に教える権利である。これらは政府あるいは権力による学問の弾圧という歴史を経験したため、大学を中心にして発展してきた。

そのため特に「教授の自由」は大学以外の小中高校でも認められるかどうかが問題となった。その裁判例として「旭川学テ事件」がある。この事件では、小中高校における教授の自由も「一定の範囲で保障される」と認められたが、その一方で教育水準を全国的に同じにするために完全な教授の自由は認められないと判示された。

学問の自由に関連して「大学の自治」がある。これは大学の内部事項（学生管理や人事、施設など）は大学が自主的に決定することができ、政府などの公権力による外部からの圧力や介入を排除できるという意味である。学問の自由を守るために認められてきた。「学問の自由」と「大学の自治」との関係が問題となったのが「東大ポポロ事件」であり、そこでは、大学内で開催される学生集会が学問のためでない場合は、当該集会は「学問の自由」の保障を受けないため、「大学の自治」で守られる対象ではない、となった。

大学の自治のように、国家の重要な制度等を守り、その核心を変更してはならないというのが「制度的保障」である。これは人権保障を確実化するという目的があり、「政教分離」「大学の自治」「私有財産制」「地方自治」が該当する。

e）二重の基準論：精神的自由権に関する合憲性の判定基準として

「二重の基準論」がある。人権は保障されているからといって自己の判断だけで勝手気ままに行使しては社会生活上トラブルが発生する。憲法第12条後段でも「国民は、これ〔憲法が保障する自由及び権利〕を濫用してはならないのであつて、常に公共の福祉のためにこれを利用する責任を負ふ。」と明記されている。つまり人権の制約は「公共の福祉」とのバランスで決まるということである。

「公共の福祉」とは英語でいえば Public Welfare であり、public は公の、社会全体のという意味で、welfare は幸福、繁栄、福利、うまくやっていく、という意味であるため上記の憲法第12条も「常に社会全体の幸福のため、あるいは社会全体をうまく運営して行くため」という意味になる。ここに個人の権利（人権）と社会全体の利益（公共の福祉）との衝突と調整の問題が発生する。

その時に裁判所が使用するのが「合憲性判断基準」としての「二重の基準論」である。これは、精神的自由への制約の程度を判定する場合、不当に制約を認めてしまうと選挙等で意思決定に支障が発生し、政治が機能しなくなる。そのため「厳格な基準」を用いると意見になりやすくなる。そこで①「LRA の法理（LRA の基準）」と②「明確性の理論」を使う。①の LRA とは Less Restrictive Alternative という「より制限的でない他の手段を選び得る」という意味で、規制という目的を達成するためにより制限的でない他の選び得る方法が存在しない場合に限って、当該制約手段を合憲とするという基準である。②の明確性の理論とは、精神的自由を制約する立法は要件を明確にしなければならないという理論で、当該明確性を欠く場合にはその立法（法律）は違憲となる。

「表現の自由」について、その内容を規制する際に用いられる違憲審査の基準として「明白かつ現在の危険」（clear and present danger）があり、アメリカの憲法判例によって理論化された。これは非常に厳格な基準を要求するものであるため、自由の制約が違憲となりやすいものである。

2）経済的自由権

経済的自由権には、a）職業選択の自由（第22条）、b）財産権（第29条）がある。

a）職業選択の自由：職業選択の自由とは、自己の意思で職業を選択することのできる権利である。この中には、「営業の自由」も含まれているため、自分自身で起業することも認められている。

経済的自由権にも「公共の福祉」との問題が発生する。その場合の制約基準として「目的二分論」が用いられている。これは当該制約の目的を考慮して行われる判断基準であり、①「消極目的規制」と②「積極目的規制」がある。①は国民の生命や健康に対する危険を防止するための規制で、「厳格な合理性の基準」が用いられる。この基準は、同じ目的を達成することが可能なより緩やかな手段がある場合には当該規制を違憲とするものである。②は社会的あるいは経済的な弱者を保護するための規制で、「明白性の原則」が用いられる。この基準は、当該規制が著しく不合理であることが明白である場合には当該規制を違憲とするものである。①に関する裁判例として、「薬局距離制限事件」がある。この事件で、薬局の開設について許可制を採用すること自体は合憲であるが、安売り競争によって薬の品質を落とさせないようにする目的の距離制限は違憲であるとし、厳格な合理性の基準で判断された。②に関する裁判例として、「小売市場距離制限事件」がある。この事件で、小売市場の距離制限は競争による店の共倒れを保護するという目的であるため合憲であるとし、明白性の原則で判断された。

b）財産権：これは各人がモノを所有することのできる権利で、そのような制度としての「私有財産制」も保障している。財産権も「公共の福祉」によって制約が可能であり、特に法律以外に地方自治体の制定する条例によって制約することができる。私有財産を公共の福祉のために用いる場合には、正当な補償を受けることができる（第29条第3項）。裁判例として「森林法共有林事件」がある。ここでは、複数名（二名）が

所有者となっている森林を分割することを制限する法令は財産権を侵害するゆえに違憲であるとされた。但し、この事件では「目的二分論」は用いられていなかった。補償には「完全補償」と「相当補償」があり、前者は全額を補償すること、後者は合理的な計算に基づく金額を補償することである。

3）身体的自由権

　身体的自由権には、a)「適正手続の保障」（第31条）と b)「被疑者・被告人の権利」がある。これによって逮捕されたり訴えられたりした者にも権利が認められることになる。

　a）適正手続の保障：適正手続の保障とは、逮捕や裁判などの刑事手続は法律に基づいて正しく行わなければならない、ということを意味する。特に刑事手続を定めているのが刑事訴訟法であるが、その他の分野においても同様のことがいえる。それを due process/due process of law（適正手続／法に基づく適正手続）といい、例えば「行政手続」などにも認められることのある重要な保障である。例えば「第三者所有物没収事件」では、第三者の持ち物を没収する場合、当該持ち主に「告知」し、「弁解」を聞き、「反論」（防禦）の機会を与えなければならないとされた。この告知・弁解・反論（防禦）が適正手続に該当するのである。また「成田新法事件」では、適正手続は行政手続にも及ぶが、行政手続は多種多様なため「すべての行政手続に及ぶわけではない」とされた。

　b）被疑者・被告人の権利：被疑者・被告人の権利というのは、被疑者（犯罪を犯したと疑われている人）や被告人（検察官に訴えられた人）にも人権は保障されるということである。具体的には、①「令状主義」とは、逮捕・家宅捜索・没収などの場合は「裁判官の発行する令状」（「○○令状」となる）が無ければならないというものである。但し現行犯の場合は誤認逮捕のおそれが無いので「令状が無くても逮捕できる」。②「黙秘権」とは、言いたくないことは言わなくてもよい権利で、拷問や強要などにより自己に不利益な内容を無理やり自白させられることはない権

利である。但し氏名は不利な事実とは言えないので黙秘権は認められていない。③「自白の証拠能力の制限」とは、不利となる証拠が本人の自白しかない場合は「有罪とされない」。これは存在しない架空の犯罪を創らないようにするためである。④「公平で迅速な裁判」とは、被告人は中立公平な裁判を長期間待たされることなく受けられるということである。⑤「遡及処罰の禁止」とは、「罪刑法定主義」から「不遡及原則」が認められるため、当該行為実行時に違法でなければ、後の立法で違法行為に該当する場合であっても「遡及（さかのぼる）させて罰することはできない」ということである。

(2) 社 会 権

次に自由権の乱用によって生まれたのが社会権であり、ドイツ（当時）の「ワイマール憲法」が世界で最初に社会権を規定した憲法である。社会権には「生存権」（第25条）、「教育を受ける権利」（第26条第1項）、「勤労の権利」（第27条）が含まれる。

1）生 存 権

生存権とは、健康で文化的な最低限度の生活を営む権利であるが、その権利としての強さに関しては①「プログラム規定説」、②「抽象的権利説」、③「具体的権利説」が主張されており、①から③に向かって弱～強となっている。①の「プログラム規定説」は、生存権は国家が責務を負うような権利ではなく、道徳的義務に過ぎず、漸進的に実現に向かえばよいという見解である。②の「抽象的権利説」は、生存権という表現は曖昧で不明確ではあるが国家には法的義務があるという見解である。③の「具体的権利説」は、生存権は具体的な権利であるためこれを実現するための立法がなされなければ権利の享受者（国民）は裁判を起こせるとする見解である。裁判例としては「朝日訴訟」と「堀木訴訟」が有名である。「朝日訴訟」では、国からの生活保護受給者が親族（兄）から生活費（仕送り）を貰えることになったため、国が生活保護費を減額

したところ、この減額措置は合憲であるとした。「堀木訴訟」では、障害年金受給者が児童扶養手当を申請したところ、年金と手当の重複受給を国から拒否されたが、この拒否は合憲であるとした。これらから裁判所では「プログラム規定説」を採用していると理解されている。

2）教育を受ける権利

教育を受ける権利とは、能力に応じて等しく教育を受ける権利を意味する。ここには「学習権」も含まれる。学習権とは、子供が大人に対して教育を受けさせるように請求することのできる権利である。教育内容自体は、国家と国民の双方がともに協力してそれぞれの役割を果たしながら担っていくという「折衷説」が主流である。またこのために、憲法第26条第2項で「義務教育は、これを無償とする。」と定めて授業料（教科書代を含む）の無償化を実施している。

3）勤労の権利

勤労の権利は、労働者を守る権利であり、第27条第2項で「勤労条件に関する基準は、法律でこれを定める。」と規定している。これを受けて、例えば労働基準法や最低賃金法など関連する国内法が制定されている。勤労の権利に関しては「労働基本権」として、①「団結権」、②「団体交渉権」、③「団体行動権（争議権）」がある。団結権は労働組合を結成する権利、団体交渉権は労働組合が使用者（雇用者）と労働条件を交渉する権利、団体行動権（争議権）はスト権ともいい、ストライキ（strike／同盟罷業／労働者が要求を通すために集団的に仕事をしないこと）などの行動をする権利である。これらは労働者にとって重要な権利であるが、過度な行使は当該企業活動等に過大な影響を及ぼすこともある。一方、公務員に関しては、同じ「勤労者」でありながらも公共的な公務に携わっているゆえに、労働基本権は制限されている。例えば、警察職員・消防職員・海上保安庁職員・自衛隊員・刑務所職員には「三権のすべてが認められていない」。国家公務員と地方公務員では団体行動権（争議権）は認められていないが、非現業職員たる国家公務員と公営企業及び

特定地方独立法及び技能労務職員以外の地方公務員には団体交渉権と団体行動権が認められていない。ここで現業職員とは学校給食調理人や清掃業務職員などの労務に従事する者を指し、非現業職員とは、市区役所職員や警察・消防の職員など公権力を行使できるものをいう。

（3）その他の人権

　自由権と社会権以外に憲法では直接明記されていない人権が裁判所による判決を通して徐々に認められてきている。

１）幸福追求権

　「幸福追求権」（第13条）を根拠にして「新しい人権」と呼ばれる権利が登場してきている。その中でも①「プライバシー権」、②「環境権」が主張されている。①の「プライバシー権」とは、自己の私生活を他者によって勝手に公開されない権利であり、言い換えれば自分に関する情報を自分でコントロールする権利でもある。これは憲法上の権利として、現在は認められている。一方で②の「環境権」とは、よりよい環境で生活する権利であるが、現時点では憲法上の権利としては未だ認められていない。

　そのほかの新しい権利に関する裁判例として「京都府学連事件」「前科照会事件」「指紋押捺拒否事件」「『エホバの証人』信者輸血拒否事件」「講演会参加者名簿提出事件」が有名である。「京都府学連事件」では、当人の承諾なしに容貌等を勝手に撮影されない権利が認められた。但しこれを「肖像権」というかどうかは明確ではない。「前科照会事件」では、前科等の情報を「勝手に公開されない」ことは法律上保護に値するとされた。「指紋押捺拒否事件」では、何人も指紋の押捺を「強要されない自由」を私生活上の自由として有しているとされた。「『エホバの証人』信者輸血拒否事件」では、輸血を拒否するという意思決定の権利は「人格権」の内容であり「尊重されなければならない」とされた。「講演会参加者名簿提出事件」では、他者に知られたくないという期待は保護

の対象となるので、個人情報はプライバシーに係る情報として「法的保護の対象となる」とされた。このように、憲法上明記されていない人権は、裁判を通して徐々に形成される傾向にあるが、当該人権が確定しているか否かは慎重に判断されないければならない。

2）法の下の平等

「法の下［もと］の平等」（第14条）とは、国家は全ての人を平等に扱わなければならないということである。憲法第14条第1項は「すべて国民は、法の下に平等であつて、人種、信条、性別、社会的身分又は門地により、政治的、経済的又は社会的関係において、差別されない。」と明記している。つまり「法適用の平等」と「法内容の平等」がともに満たされて初めて「法の下の平等」が成立する。「法適用の平等」とは法令は誰に対しても平等に適用されなければならないことを意味し、「法内容の平等」とは、法令に規定されている内容にも平等が求められるということである。

しかし、この「平等」という意味には二通りあって、①「絶対的平等」と②「相対的平等」がある。①は個々人の相違を考慮せずに全員一律に同じ扱いをするという意味であり、②は個々人の相違を考慮して「合理的な区別」を行うことを意味する。通常は、「相対的平等」と理解されているため、選挙権・被選挙権における年齢による区別、納税に関する収入の相違による税額の相違などが認められている。なお、第14条の規定は「例示列挙」であり、明記されていない理由による差別も禁止される。例えば学歴による差別などである。参政権に関しては「一票の価値」の問題がある。そのため選挙区割りが「合理的期間内に是正されない場合は、違憲」となる。また「尊属殺重罰規定事件」では、尊属［血縁関係のある年長者］に対する殺人を死刑としていた刑法第200条（当時）は、尊属を敬うという「立法目的」自体は合理的であるが、刑罰（死刑）が「著しく不合理な差別的取り扱いをしている」ため「違憲である」とされた。この事件については補説編 No. 3 の「尊属傷害致死事

件」(76頁) を参照すること。

3）外国人の人権

「外国人の人権」については、憲法の第3章では「国民の権利及び義務」として上記の人権が規定されているため、当該人権は「国民」のみに適用されるのか否かという問題が発生した。国民とは国籍法において日本国の国籍を有するもの（日本国籍者）と示し、無国籍者及び外国籍者は広義の外国人として分類されている。この点に関して、現時点では、「権利の性質上、日本国民のみを対象としているものを除き、日本国に在留する外国人にも人権が保障される」という「性質説」が採用されている。では、外国人に認められない憲法上の人権にはどのようなものがあるのか。①一般的に「社会権」であり、これは当該外国人の国籍国に保障してもらえばよいからである。②「入国・再入国の自由及び在留の権利」は、国際慣習として外国人の入国・再入国を認めるか否かの判断は当該国の専権事項となっているためである。③「国政選挙権」については、現時点では国民主権と抵触してしまうため外国人には認められていない。但し地方選挙権については憲法上禁止されていない。

外国人の人権に関する裁判例として「マクリーン事件」「指紋押捺拒否事件」などがある。「マクリーン事件」では、日本に在留中行った政治活動を基にして在留資格更新を認めないことは違憲ではないとされた。「指紋押捺拒否事件」では、何人も指紋の押捺を「強要されない自由」を有してはいるが、戸籍の無い在留外国人を管理するための指紋押捺制度は「合理的な方法である」とされた。

4）人権の私人間効力

「人権の私人間効力」とは、憲法で規定されている人権は、これまでの歴史に基づいて公権力から人民を守るために設定された。しかし、社会発展に伴って巨大な「社会的権力」（例えば、巨大企業、マスコミなど）と国民（含む外国人）の人権とが衝突し、人権侵害が発生するようになった。ここでいう企業などの「社会的権力」も、法律上の「人」（法人）である

ため、個人対企業は公権力対私人ではなく私人対私人という構図になり、そのため憲法上の人権規定が私人間にも適用可能か否かという問題となる。学説としては①非適用説、②間接適用説、③直接適用説がある。①は、憲法は公権力と私人との関係において「国の権力を制限する」ためのものなので私人間には適用されないという考えである。これに対しては、憲法の人権規定が全く適用されないならば、結果として人権保障ができなくなるという批判がある。②は私人間には「私法の一般条項（例えば民法の公序良俗など）」が適用されるがその際に「憲法の趣旨」を取り込んで解釈するという考えである。この説は通説（一般に支持されている考え方）であり判例もこの立場に立っている。③は私人間にも憲法の人権規定を直接適用できるという考えであるが、これに対しては「私的自治の原則」（当事者意思の尊重）に反することになるという批判がある。私人間効力に関する判例としては、「三菱樹脂事件」「日産自動車事件」などがある。前者は法律上の人（法人）である企業にも憲法上の人権規定が付与されるか、という点において、原則として私人と同じように思想・良心の自由などの人権が付与されるとし、私人対企業も私人対私人の関係として企業の意思（人権）を認めた事件である。後者は、定年年齢が男女で異なることを定めていた就業規則が性別による不合理な差別を定めたものとして、「民法第90条」によって無効となった事件である。これは間接適用説が採用された典型的な事件である。

3. 統治機構編

　憲法上の統治機構として、(1) 国会（立法府）、(2) 内閣（行政府）、(3) 裁判所（司法府）がある。それぞれ、立法権、行政権（執行権）、司法権（裁判権）を憲法上有しながら、三権分立制度を構成している。

（1）国　　会

1）国権の最高機関

　国会については憲法の第4章で規定されており、第41条では「国会は、国権の最高機関であつて、国の唯一の立法機関である。」と明記している。ここにいう「国権の最高機関」という表現の意味について、①「政治的美称説」と②「統括機関説」が対立している。①は選挙を通して選出された国会議員が国の方向性を決めるところゆえに「国民（国民主権）」に最も近い存在であるということを強調した表現である、という考えである。②は国会は他の機関を統括する上位機関である、という考えである。通常は、三権分立によって相互に規制作用を施しているため、②だとこれに矛盾するゆえに①と考えられている。また「唯一の立法機関」における「唯一の」という意味は、①「国会中心立法の原則」と②「国会単独立法の原則」を表している。①は一部例外を除いて（最高裁判所規則・委任立法）、法律を創れるのは国会だけであるという原則であり、②は国民投票を除いて、国会だけの手続きで法律をつくれる、という原則である。

2）国会の活動

　国会の活動に関して、国会の構成については、憲法第42条は「国会は、衆議院及び参議院の両議院でこれを構成する」と定めている。これを「二院制」という。衆議院議員の任期は4年で、途中で解散がある。参議院議員の任期は6年で、3年ごとに「半数が改選される」。被選挙権は、衆議院議員が25歳以上、参議院議員が30歳以上である。

　選挙に関しては、衆議院議員は小選挙区選挙と比例代表選挙（政党名記入、拘束名簿式）、参議院議員は選挙区選挙と比例代表選挙（個人名・政党名記入、非拘束名簿式）である。「拘束名簿式」とは各政党が事前に届け出た候補者名簿の順位に従って上位から当選者を決定する方式であり、「非拘束名簿式」とは当選者の決定について名簿の順位には拘束されない方式である。

会期の種類には「常会」（第 52 条）、「臨時会」（第 53 条）、「特別会」（第 54 条）がある。毎年一回召集されるのが「常会」であり、通常国会とも呼称されている。両院のいずれかの議院の総議員の四分の一以上の要求があったときに召集されるのが「臨時会」であり、臨時国会とも呼ばれている。また衆議院の解散後の総選挙が行われたのちに召集されるのが「特別会」であり、特別国会と呼ばれている。この会は衆議院の解散から「40 日以内」に総選挙が行われ、その選挙の日から「30 日以内に」召集される（第 54 条第 1 項）。さらに第 54 条第 2 項及び第 3 項では、衆議院の解散中に「国に緊急の必要があるとき」は「参議院の緊急集会」を「内閣」は求めることができる。この緊急集会で取られた措置は臨時のものであるため、「次の国会開会の後 10 日以内」に衆議院の同意がない場合には、将来に向かってその効力を失う。この「参議院の緊急集会」においては「憲法改正の発議」はできない点に注意すること。

　両院の夫々の会議は「総議員の三分の一以上の出席で開催される」。表決数に関しては、原則として「出席議員の過半数の賛成」で決定されるが、可否同数の場合は「議長が決定する」。この原則の例外として、①「出席議員の三分の二以上の賛成」が必要な場合は、議員の資格争訟の裁判、秘密会の開会、議員の除名、法律案の再可決である。例外の②として「各議院の総議員の三分の二以上の賛成」があれば「憲法改正の発議」ができる（第 96 条）。しかし憲法改正の発議に必要な要件を満たすことは困難であるため容易に改正を行うことはできない。この様な規定を有する憲法を「硬性憲法」とよび、その反対を「軟性憲法」と一般に呼称している。

3）衆議院の優越

　日本国憲法では国会を衆議院と参議院に分けている。これを「二院制」という。案件を検討を慎重に行うためであるが、両院の権限を対等にしておくと案件が進まないこともある。そこで憲法では衆議院の方に重きを置くという「衆議院の優越」を採用している。

衆議院のみが行うことのできる事項として、「予算先議権」（第60条第1項）と「内閣不信任決議権」（第69条）が定められている。予算先議権では、予算は衆議院で先に審議・採決される。内閣不信任決議権は、衆議院で可決されると内閣は「総辞職」するか、あるいは「衆議院を解散」するかの二者選択をしなければならない。国民の信を問うためである。

また衆議院の議決が最終的な国会の議決となる事項として、「法律案の議決」（第59条）、「予算の議決」（第60条）、「条約の承認」（第61条）、「内閣総理大臣の指名」（第67条）がある。これらはともに最初に衆議院で審議される。そして法律案の場合は衆議院で可決されたのち参議院に審議が移され、否決あるいは「60日以内に議決されない」場合は否決とみなされ、改めて衆議院に送られて衆議院の「出席議員の三分の二以上の賛成」で再可決されたならば、それが最終的な国会の議決となる。予算と条約の承認の場合は、衆議院で可決した後に参議院で否決されたときは「両院協議会」が開催され、そこで「協議不成立」に終わったときは衆議院の議決が国会の議決となる。また参議院で「30日以内に議決しない」場合はそのまま衆議院の議決が国会の議決となる。内閣総理大臣の指名については、衆議院で特定の人を指名したが参議院は別人を指名した場合、「両院協議会」が開催され、そこで「協議不成立」に終わったときは衆議院の議決が国会の議決となる。参議院が「10日以内に指名しない」ときには自動的に衆議院の議滅（指名）が国会の議決となる。

4）国政調査権

憲法第62条は「両議院は、各々［おのおの］国政に関する調査を行ひ、これに関して、証人の出頭及び証言並びに記録の提出を要求することができる。」と規定している。これが国政調査権の規定であるが、各々の議院は、議決を以て委員会を設置して当該権を行使する場合が多い。調査対象は、国政に関する事項であり、証人の出頭、証言、記録の提出を

要求できるが、捜査・押収・逮捕のような「強制的手段は認められていない。」これは別に「令状主義」があるため、その意味が損なわれるからである。当該権の行使の目的は、国会や各々の議院の業務を順調に行うためである。しかし三権分立に反するような調査、人権を侵害するような調査は認められないという限界がある。

5）国会議員の特権

国会議員（衆議院議員・参議院議員）は国民の代表であるため、その業務遂行のために特権を付与することが結果として国民のためになると考えられ、憲法第50条で「不逮捕特権」、第51条で「免責特権」が規定されている。

第50条は「両議院の議員は、法律の定める場合を除いては、国会の会期中逮捕されず、会期前に逮捕された議員は、その議院の要求があれば、会期中これを釈放しなければならない。」と規定している。つまり逮捕できない場合は、①「国会の会期中」、②会期前に逮捕された場合でも「議院の要求があれば会期中は釈放される」。これは国会の審議に参加できなくなることによって国民に選任されたという意味で国民主権を侵害するからである。一方、「法律の定める場合を除いて」とあるが、その法律は「国会法」が該当する。国会法第33条では「院外における現行犯罪の場合」には国会会期中でも国会議員を逮捕できる。また「その院の許諾」があれば逮捕することができると規定している。

第51条は「両議院の議員は、議院で行つた演説、討論又は表決について、院外で責任を問はれない。」と規定している。「議院で行つた演説、討論又は表決」というのは、「議院の活動として」議員の行ったことであり、「国会議事堂内で行われなくてもよい」活動である。ここにいう責任とは一般に、損害賠償請求で裁判となる民事責任、名誉棄損罪となる刑事責任を意味するが、それらの責任を問われないのである。しかし、「所属する政党が当該議員の除名などの責任を問うことはできる」のである。

(2) 内　　閣

　憲法第67条第1項は「内閣総理大臣は、国会議員の中から国会の議決で、これを指名する。」と定めている。つまり内閣総理大臣は国民によって選出された国会議員が選ぶのであり、これを「間接選挙」という。内閣総理大臣は、国務大臣を任命でき、また罷免もできる（第68条）。国務大臣は通常は省庁のトップになるが、トップにならずに行政の業務を行う「無任所大臣」もある。広義には「内閣官房長官」「国家公安委員会委員長」「内閣府特命担当大臣」が含まれるが、狭義ではこれらを除いた如何なる行政機関をも管掌しない大臣を意味する。

1）議院内閣制

　憲法は「議院内閣制」を採用している。これは内閣と国会を別の組織としつつ、国会の信頼の上に内閣が成立する制度である。議院内閣制に関する学説として、①「責任本質説」、②「均衡本質説」がある。①は議院内閣制を、内閣に対する国会の民主的コントロールを重視して内閣が国会に「連帯責任を負う」制度と考える。この考えに基づけば、内閣は衆議院解散権を有しても有さなくてもどちらでもよい、ということになる。②は議院内閣制を、上記の責任本質説に加えて内閣が国会（衆議院）の解散権を有することで両者が対等になる、とする考えである。その結果、内閣は衆議院解散権を有していなければならないことになる。

　議院内閣制が憲法上具体的に現れているのは、内閣総理大臣は国会議員でなければならないこと、国務大臣の過半数は国会議員でなければならないこと、内閣は国会に出席する権利及び義務を有すること、衆議院で内閣不信任が決議された場合は内閣は衆議院を解散しない限り総辞職をしなければならないこと、である。

2）衆議院の解散

　内閣の権能の一つとして「衆議院の解散」権がある。その根拠について、憲法第7条第3号で天皇が「内閣の助言と承認」により「衆議院を解散すること。」と規定している点に求める説、また憲法第65条で「行

政権は、内閣に属する。」と規定されている点に求める説、さらに議院内閣制という制度の性質上内閣に解散権があるとする説がある。この中で第7条を根拠にする説が通説となっている。

とにかくこれから衆議院の解散の決定は内閣に属すると解釈されるのであるが、いかなる場合に衆議院の解散ができるのかという問題がある。原則は憲法第69条に規定されているように、衆議院で「内閣不信任決議案が可決された」とき、10日以内に衆議院が解散されるか、又は内閣が総辞職することになる。学説として、この第69条に規定している場合のみ衆議院の解散が行われ得るとする説と、第69条の場合以外でも衆議院の解散を行い得るとする説があり、こちら（後者）が通説となっている。

ではこの通説に基づいて、衆議院自体が自ら解散を選ぶことができるのか否かという問題がある。可能であるとする説と、不可能である説に分かれているが、もし衆議院自体の決定で解散できるとするならば、議会の多数派が勝手に解散を決めてしまい、少数派が不利になり、結果として国会議員を選んだ国民の意思が損なわれることになる。そのため、現在では衆議院の解散は内閣の専決事項であるとする説（つまり上記の不可能であるとする説）が通説となっている。

3）内閣総辞職

内閣総辞職とは内閣が自ら辞めることを意味する。総辞職しなければならないのは、①衆議院で内閣不信任決議が可決され、10日以内に衆議院の解散がない場合（第69条）、②内閣総理大臣が欠けたとき（第70条）、③衆議院議員の総選挙の後に初めて国会（特別国会）の召集のあったとき（同条）。なお③の場合に前回と同じ議員を内閣総理大臣に指名することは可能である。

4）内閣総理大臣の権能

内閣総理大臣は内閣の首長（トップ）であり（第66条第1項）、国会議員（衆議院議員又は参議院議員）の中から指名される（第67条）。また内閣総理

大臣とその他の国務大臣は文民でなければならない（第66条第2項）。

　内閣総理大臣は、①自分自身の意思で国務大臣を任命および罷免できる（第68条）、②内閣総理大臣の同意が無ければ国務大臣は訴追されない（第75条）、③内閣を代表して議案を国会に提出する（第72条）、④行政各部を指揮監督する（第72条）。

5）内閣の権能

　内閣とは内閣総理大臣とその他の国務大臣とで組織され、「閣議」（内閣の話し合い）に基づく「全員一致」によって行政権（第65条）に基づく職務（一般行政事務）を行う。またその他にも第73条によれば、①法律の誠実な執行と国務の総理、②外交関係の処理、③条約の締結、④法律の基づく官吏の掌理、⑤予算の作成と国会への提出、⑥政令の制定、⑦大赦・特赦・減刑・刑の執行の免除及び復権の決定を行う。さらに⑧天皇の国事行為に対する助言と承認（第3条）、⑨国会の臨時会の招集の決定（第53条）、⑩参議院の緊急集会の要請（第54条第2項）がある。

　この中で③の条約の締結について、「但し、事前に、時宜によつては事後に、国会の承認を経ることを必要とする。」（第73条第3号）と規定されているが、いかなる場合に国会の承認を必要とするかについては、通称「大平三原則」がある。その内容は明治開国以来綿々と継続されてきた慣行を1974年2月20日の大平正芳外務大臣（当時）が衆議院外務委員会で行った答弁で明示された。簡略にいえば当該条約に関して、①法律事項（立法あるいは法律の改廃など）が含まれる場合、②財政事項が含まれる場合、③国家間の非常に重要な事案が含まれる場合（日米安全保障条約や日中平和友好条約など）である。反対に国会の承認を必要としない場合とは、すでに国会の承認を得た条約の範囲内で実施される国際約束、すでに国会の議決を経た予算の範囲内で実施し得る国際約束、既存の国内法の範囲内で実施し得る国際約束、である。

6）国務大臣の権能

　各国務大臣は、①閣議での発言、②行政事務の執行、③議員への出席、

④内閣総理大臣の同意がない場合は訴追されない、という権能を有している。

　内閣総理大臣、国務大臣、最高裁判所長官、最高裁判所裁判官に関する指名・任命・認証を誰が行うかが混乱しやすいので注意すること。「指名」に関しては内閣総理大臣は国会、国務大臣は指名無し、最高裁判所長官は内閣、最高裁判所裁判官は指名無し、「任命」に関しては内閣総理大臣は天皇、国務大臣は内閣総理大臣、最高裁判所長官は天皇、最高裁判所裁判官は内閣、「認証」に関しては内閣総理大臣は認証無し、国務大臣は天皇、最高裁判所長官は認証無し、最高裁判所裁判官は天皇となっている。

(3) 裁 判 所

1) 裁判の範囲

　裁判所は、紛争当事者以外の中立的な第三者として双方の主張（正義）を聞き、裁判規範に照らしながら当該紛争を評価（審査）する国家機関である。裁判の種類としては民事裁判（主として民法を使用）、刑事裁判（主として刑法を使用）、行政裁判（いわゆる行政法を使用）がある。この様な権限を司法権と称しており、その中には、法令が憲法に合致しているか否かを審査する「違憲審査権」（違憲法令審査権／違憲立法審査権）が含まれる。

　但し、裁判所が取り上げる紛争は「法令の適用によって解決可能な権利義務に関する紛争」だけであり、そのような紛争を「法律上の紛争」という。この「法律上の紛争」には該当しない（法律上の争訟性がない）と裁判所が判断した例として、①「国家試験の合否事件」、②「板まんだら事件」などがある。前者（昭和41年2月8日最高裁昭和39年（行ツ）第61号）は技術士国家試験に不合格になった原告がその判定に不満をもって訴えを起こした事件であるが、学問や技術上の知識、能力、意見などの優劣は合否の判断内容になるものであるから、当該試験実施機関の最

終判断に委ねられるべきものであって、法令の適用によって解決を調整できるものではない、として裁判の対象にはならないと判示された。後者は「寄付金返還請求事件」（昭和56年4月7日最高裁昭和51年（オ）第49号）の通称であるが、偽物である「板まんだら」によって贈与された寄付金について、錯誤による寄付（贈与）は無効であると訴えた事件である。最高裁は当該「板まんだら」は宗教的価値に関する判断に該当するので、法令を適用してその当否を決定できない問題であり、法律上の争訟には該当しない、とした。

2）統治行為論と部分社会論

法律上の争訟に該当しても裁判所が司法判断を控える（回避する）場合もある。一般に「統治行為論」という。正式な事件名を「日本国とアメリカ合衆国との間の安全保障条約第三条に基づく行政協定に伴う刑事特別法違反被告事件」（事件番号、昭和34年（あ）第710号）という「砂川事件」（最高裁大法廷判決昭和34年12月16日）は、米軍立川基地が拡張することに対する反対派が立ち入り禁止の基地内に侵入したため、日米地位協定に伴う刑事特別法違反として起訴された事件である。論点は日米安全保障条約の合憲性の判断にあったが、最高裁は「一見極めて明白に違憲無効であると認められない限り」違憲か否かの法的判断を下すことはできないという「統治行為論」を採用した。結局、侵入した反対派に対し、差戻を受けた東京地裁は昭和36年（1961年）3月27日に罰金2000円の有罪判決を言い渡し、当該判決について上告を受けた最高裁は昭和38年（1963年）12月7日に上告を棄却し、当該有罪判決が確定した。

同様に司法審査の対象外となった「富山大学単位不認定事件」がある。これは「単位不認定等違法確認請求事件」（昭和52年3月15日最高裁昭和46年（行ツ）第52号）であり、富山大学の経済学部長から授業停止を受けていた教授がそれを無視して授業を実施し、受講生も当該授業の代替措置を指示されていたにもかかわらず6名の学生が当該教授の授業を受

け続け、単位認定試験を受験、合格したので当該教授は成績表を学部長に提出した。しかしこの単位は認定されなかったので原告（学生）が訴えた事件である。最終的に最高裁は、「大学は、国公立であると私立であるとを問わず、学生の教育と学術の研究とを目的とする教育研究施設であって……（中略）……一般市民社会とは異なる特殊な部分社会を形成しているのであるから、この様な特殊な部分社会である大学における法律上の係争のすべてが当然に裁判所の司法審査の対象になるものではない」とし、いわゆる「部分社会論」を採用した。これは団体の自主性を尊重し、司法審査の対象外とする考えである。その結果、「単位授与（単位認定）行為は特段の事情が無い限り裁判所の司法審査の対象にはならない」としたのである。

　この「部分社会論」は従来は「特別権力関係」とされていた事項であるが、本判決を通して、大学について「部分社会論」を採用した。この見解は大学のみならず、地方議会、政党、宗教団体、労働組合、私企業などにも当てはまると解されている。この事件には同時に「専攻科修了不認定事件」も含まれていた。これは富山大学大学院における専攻科においても当該教授の演習を受講していた学生が、経済学部長に対して単位の認定を求めるとともに、学長に対して不修了の違法性を訴えた。最高裁はこの事件に関して単位認定については請求を棄却したものの、不修了（修了が卒業に該当）については、「国公立の大学は公の教育研究施設として一般市民の利用に供されるものであり、学生は一般市民としてかかる公の施設である国公立大学を利用する権利を有するから、学生に対して国公立大学の利用を拒否することは、学生が一般市民として有する右公の施設を利用する権利を侵害するものとして司法審査の対象になるものというべきである」といい、これは一般の権利義務関係であるため司法審査がなされるという判断を示した。大学院に関しては、学則等からも修了要件が在籍年数と取得単位数だけであるので、小中高校のような教育上の見地からする専門的な判断を必要とするものではないから司

法審査が可能であるとした。要は単位授与行為に関しては原則として司法審査はできないが、修了認定行為に関しては司法審査ができる、ということである。

3）裁 判 官

裁判官は、その所属する裁判所にかかわらず身分が保障されている。これは外部からの圧力に晒された場合に正当な裁判を行うことができなくなり、国民の信頼を失う可能性があるからである。その保障の一つに裁判官の報酬は相当程度高額であり、在任中は減額されないことが含まれる（憲法第80条第2項）。対比として国会議員の歳費は減額可能である。

それでも裁判官が罷免される場合がある。憲法第78条では、①裁判官の心身に故障があるため職務を執ることができない場合、②公の弾劾による場合（弾劾裁判所）と規定されており、さらに最高裁判所裁判官に対してのみ、憲法第79条は「国民審査」で投票者の多数が罷免を可とする場合が規定されている。ここにいう弾劾裁判所は、両議院の国会議員で構成され、国会に設置される（憲法第64条）。

4）裁判所の組織

裁判所の組織は、憲法が認めている例外としての弾劾裁判所を除いて、「最高裁判所」「高等裁判所」「地方裁判所」と「家庭裁判所」「簡易裁判所」の5つでピラミッド型に構成されている。1庁の最高裁、8庁の高裁（高裁支部が6庁、知的財産高裁が1庁なので高裁を15庁と数えることもある）。地裁は50庁（地裁支部は203庁）、家裁は50庁（家裁支部は203庁、家裁出張所は77庁）、簡裁は438庁となっている。それぞれの相違は「法学入門編」を参照のこと。最高裁以外のこれらの裁判所を下級裁判所と称している。最高裁及び下級裁判所のいずれも違憲審査をすることができる。但し判決の効力は上級審の方が優先される（強くなっている）。

5）違憲審査権と違憲審査制

違憲審査権（違憲法令審査権／違憲立法審査権）とは、法令や条約が憲法に違反していないかを審査する権限である。この違憲審査の制度として、

①抽象的違憲審査制、②付随的違憲審査制がある。①は具体的な事件が提訴されていなくても抽象的に違憲審査を行う制度であり、ドイツなどが採用している。②は具体的な事件が提訴された場合に当該事件の解決に必要であれば違憲審査を行う制度で、アメリカや日本が採用している。要は具体的事件の審理を通して違憲審査を行う制度である。裁判所が違憲判決を行った場合、違憲とされた法律の効力はどうなるのであろうか。二つの学説が主張されている。①一般的効力説、②個別的効力説である。①は違憲判決によって当該法律はその場で無効になり、改めて国会による廃止手続を必要としないという見解である。②は違憲判決が出た具体的な個別事件に限って違憲とされた法律を適用せず、国会が当該法律を改めて廃止する手続きを取った場合に当該法律は無効となるという見解である。日本は個別的効力説を採用している。

4.　地方自治編

　日本は中央主権化された国家であるが、都道府県、市町村などに行政区が分割され、それぞれの住民にそれぞれの行政区に関する自治を認めている。これを地方自治という。憲法第92条では「地方公共団体の組織及び運営に関する事項は、地方自治の本旨に基いて、法律でこれを定める。」と規定し、この規定を受けて「地方自治法」がより詳細な事項を定めている。

(1) 地方自治の本旨

　地方自治の本旨には、①「団体自治」、②「住民自治」がある。①は地方自治体は国から独立して、財産管理、事務処理、行政を行い、また法律の範囲内で条例を制定することを意味する。憲法第94条に地方公共団体の権能として明記されており、自由主義的な要素である。②はそ

の地方公共団体の住民自身が、地方公共団体の長、議会議員、法律上の他の官吏を直接選挙で選ぶこと（第93条第2項）、及び特定の地方公共団体に適用される法律（特別法）は、その住民の投票を通した同意を得なければ国会は制定することができない（第95条）ことを意味している。民主主義的な要素である。

（2）地方公共団体と条例

　地方公共団体は法律の範囲内で「条例」を制定することができるが、条例の効力は法律を超えることはできない。そのため条例は、法律に違反しない限り、法律の趣旨に副って法律よりも厳しい規制を制定することができる。例えば滋賀県は水質汚濁防止法よりも厳しい内容を持つ「琵琶湖の富栄養化防止条例」を1979年10月16日に可決し（滋賀県条例第37号）、「りんを含む家庭用合成洗剤の使用禁止」を制定した。

　条例は議会において民主的な手続きで制定されるため、憲法上の権利である財産権を規制することができる。また地方公共団体は課税権を有するため、その範囲内であれば条例で地方税を賦課徴収することができる。さらに「上乗せ条例」（法令よりも厳しい内容の条例）や「横出し条例」（法令が規制していないことを規制する条例）も、条件を付せば可能である。特に当該地方の実情に基づいた別途の規制を制定することを当該法令が容認している場合は、その容認の範囲内で条例を制定できる。そのため、各地方公共団体ごとに条例が異なる場合も多い。

5. 憲法改正編

　憲法改正については第96条で手続きが定められている。順序として、第一に、各議院の総議員の三分の二以上の賛成で国会が改正案を発議し、第二に、特別の国民投票または国会の定める選挙の際に行われる投票で

過半数の賛成を必要とする。第三に、天皇が国民の名で公布する。特に第二の段階で適用される法令として「日本国憲法の改正手続に関する法律」（いわゆる「国民投票法」）が平成22年5月18日に施行された。その第3条では「日本国民で年齢満十八年以上の者は、国民投票の投票権を有する。」と規定され、第126条第1項では「投票総数の二分の一を超えた場合」に憲法改正について国民の承認があったものとすると規定されている。

6. 憲法前文、象徴天皇制、第9条など

（1）憲法前文と主権

憲法前文は法的拘束力を有する規範なのか否かが問題となる。つまり「法規範性」と「裁判規範性」である。現時点では、憲法自体が国の最高法規であるゆえに前文はその一部であるから法規範性を有すると理解されている。そのため遵守されなければならない。しかし紛争を解決するための根拠としては抽象的でありすぎるため裁判規範性は有さないと理解されている。

また「主権」という表現が前文には多用されているが、文意によって①統治権（国家の有する支配権のこと）、②最高独立性（国内では最高であり、対外的には独立しているということ）、③最高決定権（憲法改正を含めた国の政治の在り方を最終的に決定する権限のこと）、以上の意味を示している。

（2）象徴天皇制

日本国の特徴として「象徴天皇制」がある。第1条には「天皇は、日本国の象徴であり日本国民統合の象徴であつて、この地位は、主権の存ずる日本国民の総意に基く。」と明記されている。ここから天皇は、大日本帝国憲法（明治憲法）における立場（第1条「大日本帝国ハ万世一系ノ天

皇之ヲ統治ス」、第3条「天皇ハ神聖ニシテ侵スヘカラス」、第4条「天皇ハ国ノ元首ニシテ統治権ヲ総攬シ……」）とは全く異なり、日本国の象徴と日本国民統合の象徴という二重の象徴であり、その地位は主権者である国民の総意で決定されることになっている。このように天皇が象徴であることと表裏の関係で国民が主権者であると定めている。天皇に関する事項は憲法第1章（第1条〜第8条）に定められている。そのほかに皇位継承に関する皇室典範も法律として制定されている。

(3) 平和主義

「平和主義」は前文とともに「戦争の放棄」として憲法第2章に定められているが、第2章は第9条のみで構成されている。この第9条の解釈に関しては、憲法学において様々な学説が主張されており、また裁判では「統治行為論」が採用されているため、別途、より専門的な憲法学で学習することが必要である。

【日本国憲法の要点編：事件の出典】

　下記事件名の〈　〉内の数字は、有斐閣の『憲法判例百選Ⅰ〔第7版〕』及び『憲法判例百選Ⅱ〔第7版〕』の所収番号である。①～⑩は同書以外に掲載されている。

1．謝罪広告強制事件〈33〉
2．麹町中学内申書事件〈34〉
3．「君が代」ピアノ演奏拒否事件〈37〉
4．津地鎮祭事件〈42〉
5．愛媛玉串料訴訟〈44〉
6．空知太（そらちぶと）神社事件〈47〉
7．石井記者事件①
8．外務省秘密漏洩事件〈75〉
9．教科書裁判〈87・88〉
10．税関検査事件〈69〉
11．北方ジャーナル事件〈68〉
12．旭川学テ事件〈136〉
13．東大ポポロ事件〈86〉
14．薬局距離制限事件〈92〉
15．小売市場制限事件②
16．森林法共有事件〈96〉
17．成田新法事件〈109〉
18．朝日訴訟③
19．堀木訴訟〈132〉
20．京都府学連事件④
21．前科照会事件〈17〉
22．指紋押捺拒否事件〈2〉
23．「エホバの証人」信者輸血拒否事件⑤
24．講演会参加者名簿提出事件〈18〉
25．尊属殺重罰規定事件〈25〉
26．マクリーン事件〈1〉
27．三菱樹脂事件〈9〉
28．日産自動車事件⑥
29．国家試験の合否事件⑦
30．板まんだら事件〈184〉
31．砂川事件⑧
32．富山大学単位不認定事件⑨
33．富山大学専攻科修了不認定事件⑩

【引用・参考基本文献】

　本書を執筆するにあたって、非常に多くの関連書籍等を参考にしたが、それら全てをここに示すことは紙幅の関係で断念せざるを得なかった。以下はその中でも邦語で刊行された最も基本となる参考文献である。

別冊ジュリスト『憲法判例百選Ⅰ』第7版（有斐閣、2019年）

別冊ジュリスト『憲法判例百選Ⅱ』第7版（有斐閣、2019年）

名雪健二ほか『公法基礎入門〔改訂増補第2版〕』（八千代出版、2015年）

斎藤静敬『新版・法学序説』（八千代出版、2005年）

萱野稔人『国家とはなにか』（以文社、2005年）

芹田健太郎『憲法と国際環境〔補訂版〕』（有信堂、1992年）

田中誠二『新版・法学通論〔三全訂版〕』（千倉書房、1994年）

高梨公之『法学〔全訂版〕』（八千代出版、1995年）

赤坂昭二『法学の基本原理』（成文堂、1995年）

慶野義雄・大矢吉之・佐伯宣親・奥村文男編『国家・憲法・政治』（嵯峨野書院、1995年）

千葉正士『法と時間』（信山社、2003年）

ゲルハルト・ドールン‐ファン・ロッスム『時間の歴史―近代の時間秩序の誕生―』藤田幸一郎・篠原敏昭・岩波敦子訳（大月書店、1999年）

清水幸雄『私法入門』（成文堂、1998年）

下條芳明「『象徴』の由来、受容および普及をめぐって―日本特有『二権分立制』の再生―」『法政治研究』第3号（2017年3月30日）所収

宮原均『日米比較憲法判例を考える〔統治編・改訂第2版〕』（八千代出版、2021年）

同『日米比較憲法判例を考える〔人権編・改訂第2版〕』（八千代出版、2018年）

小川富之・下田大介編著『法学』（八千代出版、2018年）

金津謙ほか『法律学への案内〔第2版〕』（八千代出版、2021年）

日本国憲法（全）

昭和 21 年 11 月 3 日　公布
昭和 22 年 5 月 3 日　施行

日本国民は、正当に選挙された国会における代表者を通じて行動し、われらとわれらの子孫のために、諸国民との協和による成果と、わが国全土にわたつて自由のもたらす恵沢を確保し、政府の行為によつて再び戦争の惨禍が起ることのないやうにすることを決意し、ここに主権が国民に存することを宣言し、この憲法を確定する。そもそも国政は、国民の厳粛な信託によるものであつて、その権威は国民に由来し、その権力は国民の代表者がこれを行使し、その福利は国民がこれを享受する。これは人類普遍の原理であり、この憲法は、かかる原理に基くものである。われらは、これに反する一切の憲法、法令及び詔勅を排除する。

日本国民は、恒久の平和を念願し、人間相互の関係を支配する崇高な理想を深く自覚するのであつて、平和を愛する諸国民の公正と信義に信頼して、われらの安全と生存を保持しようと決意した。われらは、平和を維持し、専制と隷従、圧迫と偏狭を地上から永遠に除去しようと努めてゐる国際社会において、名誉ある地位を占めたいと思ふ。われらは、全世界の国民が、ひとしく恐怖と欠乏から免かれ、平和のうちに生存する権利を有することを確認する。

われらは、いづれの国家も、自国のことのみに専念して他国を無視してはならないのであつて、政治道徳の法則は、普遍的なものであり、この法則に従ふことは、自国の主権を維持し、他国と対等関係に立たうとする各国の責務であると信ずる。

日本国民は、国家の名誉にかけ、全力をあげてこの崇高な理想と目的を達成することを誓ふ。

第1章　天皇

第1条　天皇は、日本国の象徴であり日本国民統合の象徴であつて、この地位は、主権の存する日本国民の総意に基く。

第2条　皇位は、世襲のものであつて、国会の議決した皇室典範の定めるところにより、これを継承する。

第3条　天皇の国事に関するすべての行為には、内閣の助言と承認を必要とし、内閣が、その責任を負ふ。

第4条　天皇は、この憲法の定める国事に関する行為のみを行ひ、国政に関する権能を有しない。

②　天皇は、法律の定めるところにより、その国事に関する行為を委任することができる。

第5条　皇室典範の定めるところにより摂政を置くときは、摂政は、天皇の名でその国事に関する行為を行ふ。この場合には、前条第一

項の規定を準用する。

第6条　天皇は、国会の指名に基いて、内閣総理大臣を任命する。

②　天皇は、内閣の指名に基いて、最高裁判所の長たる裁判官を任命する。

第7条　天皇は、内閣の助言と承認により、国民のために、左の国事に関する行為を行ふ。

一　憲法改正、法律、政令及び条約を公布すること。

二　国会を召集すること。

三　衆議院を解散すること。

四　国会議員の総選挙の施行を公示すること。

五　国務大臣及び法律の定めるその他の官吏の任免並びに全権委任状及び大使及び公使の信任状を認証すること。

六　大赦、特赦、減刑、刑の執行の免除及び復権を認証すること。

七　栄典を授与すること。

八　批准書及び法律の定めるその他の外交文書を認証すること。

九　外国の大使及び公使を接受すること。

十　儀式を行ふこと。

第8条　皇室に財産を譲り渡し、又は皇室が、財産を譲り受け、若しくは賜与することは、国会の議決に基かなければならない。

第2章　戦争の放棄

第9条　日本国民は、正義と秩序を基調とする国際平和を誠実に希求し、国権の発動たる戦争と、武力による威嚇又は武力の行使は、国際紛争を解決する手段としては、永久にこれを放棄する。

②　前項の目的を達するため、陸海空軍その他の戦力は、これを保持しない。国の交戦権は、これを認めない。

第3章　国民の権利及び義務

第10条　日本国民たる要件は、法律でこれを定める。

第11条　国民は、すべての基本的人権の享有を妨げられない。この憲法が国民に保障する基本的人権は、侵すことのできない永久の権利として、現在及び将来の国民に与へられる。

第12条　この憲法が国民に保障する自由及び権利は、国民の不断の努力によつて、これを保持しなければならない。又、国民は、これを濫用してはならないのであつて、常に公共の福祉のためにこれを利用する責任を負ふ。

第13条　すべて国民は、個人として尊重される。生命、自由及び幸福追求に対する国民の権利については、公共の福祉に反しない限り、立法その他の国政の上で、最大の尊重を必要とする。

第14条　すべて国民は、法の下に平等であつて、人種、信条、性別、社会的身分又は門地により、政治的、経済的又は社会的関係において、差別されない。

②　華族その他の貴族の制度は、これを認めない。

③　栄誉、勲章その他の栄典の授与は、いかなる特権も伴はない。栄典の授与は、現にこれを有し、又は将来これを受ける者の一代に限り、その効力を有する。

第15条　公務員を選定し、及びこれを罷免することは、国民固有の権利である。

②　すべて公務員は、全体の奉仕者であつて、一部の奉仕者ではない。

③　公務員の選挙については、成年者による普通選挙を保障する。

④　すべて選挙における投票の秘密は、これを侵してはならない。選挙人は、その選択に関し公的にも私的にも責任を問はれない。

第16条　何人も、損害の救済、公務員の罷免、法律、命令又は規則の制定、廃止又は改正その他の事項に関し、平穏に請願する権利を有し、何人も、かかる請願をしたためにいかなる差別待遇も受けない。

第17条　何人も、公務員の不法行為により、損害を受けたときは、法律の定めるところにより、国又は公共団体に、その賠償を求めることができる。

第18条　何人も、いかなる奴隷的拘束も受けない。又、犯罪に因る処罰の場合を除いては、その意に反する苦役に服させられない。

第19条　思想及び良心の自由は、これを侵してはならない。

第20条　信教の自由は、何人に対してもこれを保障する。いかなる宗教団体も、国から特権を受け、又は政治上の権力を行使してはならない。

②　何人も、宗教上の行為、祝典、儀式又は行事に参加することを強制されない。

③　国及びその機関は、宗教教育その他いかなる宗教的活動もしては

ならない。

第21条　集会、結社及び言論、出版その他一切の表現の自由は、これを保障する。

②　検閲は、これをしてはならない。通信の秘密は、これを侵してはならない。

第22条　何人も、公共の福祉に反しない限り、居住、移転及び職業選択の自由を有する。

②　何人も、外国に移住し、又は国籍を離脱する自由を侵されない。

第23条　学問の自由は、これを保障する。

第24条　婚姻は、両性の合意のみに基いて成立し、夫婦が同等の権利を有することを基本として、相互の協力により、維持されなければならない。

②　配偶者の選択、財産権、相続、住居の選定、離婚並びに婚姻及び家族に関するその他の事項に関しては、法律は、個人の尊厳と両性の本質的平等に立脚して、制定されなければならない。

第25条　すべて国民は、健康で文化的な最低限度の生活を営む権利を有する。

②　国は、すべての生活部面について、社会福祉、社会保障及び公衆衛生の向上及び増進に努めなければならない。

第26条　すべて国民は、法律の定めるところにより、その能力に応じて、ひとしく教育を受ける権利を有する。

②　すべて国民は、法律の定めるところにより、その保護する子女に普通教育を受けさせる義務を負ふ。

義務教育は、これを無償とする。

第27条 すべて国民は、勤労の権利を有し、義務を負ふ。

② 賃金、就業時間、休息その他の勤労条件に関する基準は、法律でこれを定める。

③ 児童は、これを酷使してはならない。

第28条 勤労者の団結する権利及び団体交渉その他の団体行動をする権利は、これを保障する。

第29条 財産権は、これを侵してはならない。

② 財産権の内容は、公共の福祉に適合するやうに、法律でこれを定める。

③ 私有財産は、正当な補償の下に、これを公共のために用ひることができる。

第30条 国民は、法律の定めるところにより、納税の義務を負ふ。

第31条 何人も、法律の定める手続によらなければ、その生命若しくは自由を奪はれ、又はその他の刑罰を科せられない。

第32条 何人も、裁判所において裁判を受ける権利を奪はれない。

第33条 何人も、現行犯として逮捕される場合を除いては、権限を有する司法官憲が発し、且つ理由となつてゐる犯罪を明示する令状によらなければ、逮捕されない。

第34条 何人も、理由を直ちに告げられ、且つ、直ちに弁護人に依頼する権利を与へられなければ、抑留又は拘禁されない。又、何人も、正当な理由がなければ、拘禁されず、要求があれば、その理由は、直ちに本人及びその弁護人の出席する公開の法廷で示されなければならない。

第35条 何人も、その住居、書類及び所持品について、侵入、捜索及び押収を受けることのない権利は、第33条の場合を除いては、正当な理由に基いて発せられ、且つ捜索する場所及び押収する物を明示する令状がなければ、侵されない。

② 捜索又は押収は、権限を有する司法官憲が発する各別の令状により、これを行ふ。

第36条 公務員による拷問及び残虐な刑罰は、絶対にこれを禁ずる。

第37条 すべて刑事事件においては、被告人は、公平な裁判所の迅速な公開裁判を受ける権利を有する。

② 刑事被告人は、すべての証人に対して審問する機会を充分に与へられ、又、公費で自己のために強制的手続により証人を求める権利を有する。

③ 刑事被告人は、いかなる場合にも、資格を有する弁護人を依頼することができる。被告人が自らこれを依頼することができないときは、国でこれを附する。

第38条 何人も、自己に不利益な供述を強要されない。

② 強制、拷問若しくは脅迫による自白又は不当に長く抑留若しくは拘禁された後の自白は、これを証拠とすることができない。

③ 何人も、自己に不利益な唯一の証拠が本人の自白である場合には、有罪とされ、又は刑罰を科せられない。

第39条　何人も、実行の時に適法であつた行為又は既に無罪とされた行為については、刑事上の責任を問はれない。又、同一の犯罪について、重ねて刑事上の責任を問はれない。

第40条　何人も、抑留又は拘禁された後、無罪の裁判を受けたときは、法律の定めるところにより、国にその補償を求めることができる。

第4章　国会

第41条　国会は、国権の最高機関であつて、国の唯一の立法機関である。

第42条　国会は、衆議院及び参議院の両議院でこれを構成する。

第43条　両議院は、全国民を代表する選挙された議員でこれを組織する。

②　両議院の議員の定数は、法律でこれを定める。

第44条　両議院の議員及びその選挙人の資格は、法律でこれを定める。但し、人種、信条、性別、社会的身分、門地、教育、財産又は収入によつて差別してはならない。

第45条　衆議院議員の任期は、四年とする。但し、衆議院解散の場合には、その期間満了前に終了する。

第46条　参議院議員の任期は、六年とし、三年ごとに議員の半数を改選する。

第47条　選挙区、投票の方法その他両議院の議員の選挙に関する事項は、法律でこれを定める。

第48条　何人も、同時に両議院の議員たることはできない。

第49条　両議院の議員は、法律の定めるところにより、国庫から相当額の歳費を受ける。

第50条　両議院の議員は、法律の定める場合を除いては、国会の会期中逮捕されず、会期前に逮捕された議員は、その議院の要求があれば、会期中これを釈放しなければならない。

第51条　両議院の議員は、議院で行つた演説、討論又は表決について、院外で責任を問はれない。

第52条　国会の常会は、毎年一回これを召集する。

第53条　内閣は、国会の臨時会の召集を決定することができる。いづれかの議院の総議員の四分の一以上の要求があれば、内閣は、その召集を決定しなければならない。

第54条　衆議院が解散されたときは、解散の日から四十日以内に、衆議院議員の総選挙を行ひ、その選挙の日から30日以内に、国会を召集しなければならない。

②　衆議院が解散されたときは、参議院は、同時に閉会となる。但し、内閣は、国に緊急の必要があるときは、参議院の緊急集会を求めることができる。

③　前項但書の緊急集会において採られた措置は、臨時のものであつて、次の国会開会の後十日以内に、衆議院の同意がない場合には、その効力を失ふ。

第55条　両議院は、各々その議員の資格に関する争訟を裁判する。但し、議員の議席を失はせるには、出席議員の三分の二以上の多数に

よる議決を必要とする。

第56条　両議院は、各々その総議員の三分の一以上の出席がなければ、議事を開き議決することができない。

②　両議院の議事は、この憲法に特別の定のある場合を除いては、出席議員の過半数でこれを決し、可否同数のときは、議長の決するところによる。

第57条　両議院の会議は、公開とする。但し、出席議員の三分の二以上の多数で議決したときは、秘密会を開くことができる。

②　両議院は、各々その会議の記録を保存し、秘密会の記録の中で特に秘密を要すると認められるもの以外は、これを公表し、且つ一般に頒布しなければならない。

③　出席議員の五分の一以上の要求があれば、各議員の表決は、これを会議録に記載しなければならない。

第58条　両議院は、各々その議長その他の役員を選任する。

②　両議院は、各々その会議その他の手続及び内部の規律に関する規則を定め、又、院内の秩序をみだした議員を懲罰することができる。但し、議員を除名するには、出席議員の三分の二以上の多数による議決を必要とする。

第59条　法律案は、この憲法に特別の定のある場合を除いては、両議院で可決したとき法律となる。

②　衆議院で可決し、参議院でこれと異なつた議決をした法律案は、衆議院で出席議員の三分の二以上の多数で再び可決したときは、法律となる。

③　前項の規定は、法律の定めるところにより、衆議院が、両議院の協議会を開くことを求めることを妨げない。

④　参議院が、衆議院の可決した法律案を受け取つた後、国会休会中の期間を除いて六十日以内に、議決しないときは、衆議院は、参議院がその法律案を否決したものとみなすことができる。

第60条　予算は、さきに衆議院に提出しなければならない。

②　予算について、参議院で衆議院と異なつた議決をした場合に、法律の定めるところにより、両議院の協議会を開いても意見が一致しないとき、又は参議院が、衆議院の可決した予算を受け取つた後、国会休会中の期間を除いて三十日以内に、議決しないときは、衆議院の議決を国会の議決とする。

第61条　条約の締結に必要な国会の承認については、前条第二項の規定を準用する。

第62条　両議院は、各々国政に関する調査を行ひ、これに関して、証人の出頭及び証言並びに記録の提出を要求することができる。

第63条　内閣総理大臣その他の国務大臣は、両議院の一に議席を有すると有しないとにかかはらず、何時でも議案について発言するため議院に出席することができる。又、答弁又は説明のため出席を求められたときは、出席しなければならない。

第64条　国会は、罷免の訴追を受けた裁判官を裁判するため、両議

院の議員で組織する弾劾裁判所を
設ける。

② 弾劾に関する事項は、法律でこ
れを定める。

第5章 内閣

第65条 行政権は、内閣に属する。

第66条 内閣は、法律の定めると
ころにより、その首長たる内閣総
理大臣及びその他の国務大臣でこ
れを組織する。

② 内閣総理大臣その他の国務大臣
は、文民でなければならない。

③ 内閣は、行政権の行使について、
国会に対し連帯して責任を負ふ。

第67条 内閣総理大臣は、国会議
員の中から国会の議決で、これを
指名する。この指名は、他のすべ
ての案件に先だつて、これを行ふ。

② 衆議院と参議院とが異なつた指
名の議決をした場合に、法律の定
めるところにより、両議院の協議
会を開いても意見が一致しないと
き、又は衆議院が指名の議決をし
た後、国会休会中の期間を除いて
十日以内に、参議院が、指名の議
決をしないときは、衆議院の議決
を国会の議決とする。

第68条 内閣総理大臣は、国務大
臣を任命する。但し、その過半数
は、国会議員の中から選ばれなけ
ればならない。

② 内閣総理大臣は、任意に国務大
臣を罷免することができる。

第69条 内閣は、衆議院で不信任
の決議案を可決し、又は信任の決
議案を否決したときは、十日以内
に衆議院が解散されない限り、総
辞職をしなければならない。

第70条 内閣総理大臣が欠けたと
き、又は衆議院議員総選挙の後に
初めて国会の召集があつたときは、
内閣は、総辞職をしなければなら
ない。

第71条 前二条の場合には、内閣
は、あらたに内閣総理大臣が任命
されるまで引き続きその職務を行
ふ。

第72条 内閣総理大臣は、内閣を
代表して議案を国会に提出し、一
般国務及び外交関係について国会
に報告し、並びに行政各部を指揮
監督する。

第73条 内閣は、他の一般行政事
務の外、左の事務を行ふ。

一 法律を誠実に執行し、国務を
総理すること。

二 外交関係を処理すること。

三 条約を締結すること。但し、
事前に、時宜によつては事後に、
国会の承認を経ることを必要と
する。

四 法律の定める基準に従ひ、官
吏に関する事務を掌理すること。

五 予算を作成して国会に提出す
ること。

六 この憲法及び法律の規定を実
施するために、政令を制定する
こと。但し、政令には、特にそ
の法律の委任がある場合を除い
ては、罰則を設けることができ
ない。

七 大赦、特赦、減刑、刑の執行
の免除及び復権を決定すること。

第74条 法律及び政令には、すべ
て主任の国務大臣が署名し、内閣
総理大臣が連署することを必要と
する。

第75条　国務大臣は、その在任中、内閣総理大臣の同意がなければ、訴追されない。但し、これがため、訴追の権利は、害されない。

第6章　司法

第76条　すべて司法権は、最高裁判所及び法律の定めるところにより設置する下級裁判所に属する。

② 特別裁判所は、これを設置することができない。行政機関は、終審として裁判を行ふことができない。

③ すべて裁判官は、その良心に従ひ独立してその職権を行ひ、この憲法及び法律にのみ拘束される。

第77条　最高裁判所は、訴訟に関する手続、弁護士、裁判所の内部規律及び司法事務処理に関する事項について、規則を定める権限を有する。

② 検察官は、最高裁判所の定める規則に従はなければならない。

③ 最高裁判所は、下級裁判所に関する規則を定める権限を、下級裁判所に委任することができる。

第78条　裁判官は、裁判により、心身の故障のために職務を執ることができないと決定された場合を除いては、公の弾劾によらなければ罷免されない。裁判官の懲戒処分は、行政機関がこれを行ふことはできない。

第79条　最高裁判所は、その長たる裁判官及び法律の定める員数のその他の裁判官でこれを構成し、その長たる裁判官以外の裁判官は、内閣でこれを任命する。

② 最高裁判所の裁判官の任命は、その任命後初めて行はれる衆議院議員総選挙の際国民の審査に付し、その後十年を経過した後初めて行はれる衆議院議員総選挙の際更に審査に付し、その後も同様とする。

③ 前項の場合において、投票者の多数が裁判官の罷免を可とするときは、その裁判官は、罷免される。

④ 審査に関する事項は、法律でこれを定める。

⑤ 最高裁判所の裁判官は、法律の定める年齢に達した時に退官する。

⑥ 最高裁判所の裁判官は、すべて定期に相当額の報酬を受ける。この報酬は、在任中、これを減額することができない。

第80条　下級裁判所の裁判官は、最高裁判所の指名した者の名簿によつて、内閣でこれを任命する。その裁判官は、任期を十年とし、再任されることができる。但し、法律の定める年齢に達した時には退官する。

② 下級裁判所の裁判官は、すべて定期に相当額の報酬を受ける。この報酬は、在任中、これを減額することができない。

第81条　最高裁判所は、一切の法律、命令、規則又は処分が憲法に適合するかしないかを決定する権限を有する終審裁判所である。

第82条　裁判の対審及び判決は、公開法廷でこれを行ふ。

② 裁判所が、裁判官の全員一致で、公の秩序又は善良の風俗を害する虞があると決した場合には、対審は、公開しないでこれを行ふことができる。但し、政治犯罪、出版に関する犯罪又はこの憲法第三章

で保障する国民の権利が問題とな
つてゐる事件の対審は、常にこれ
を公開しなければならない。

第7章　財政
第83条　国の財政を処理する権限
は、国会の議決に基いて、これを
行使しなければならない。
第84条　あらたに租税を課し、又
は現行の租税を変更するには、法
律又は法律の定める条件によるこ
とを必要とする。
第85条　国費を支出し、又は国が
債務を負担するには、国会の議決
に基くことを必要とする。
第86条　内閣は、毎会計年度の予
算を作成し、国会に提出して、そ
の審議を受け議決を経なければな
らない。
第87条　予見し難い予算の不足に
充てるため、国会の議決に基いて
予備費を設け、内閣の責任でこれ
を支出することができる。
② すべて予備費の支出については、
内閣は、事後に国会の承諾を得な
ければならない。
第88条　すべて皇室財産は、国に
属する。すべて皇室の費用は、予
算に計上して国会の議決を経なけ
ればならない。
第89条　公金その他の公の財産は、
宗教上の組織若しくは団体の使用、
便益若しくは維持のため、又は公
の支配に属しない慈善、教育若し
くは博愛の事業に対し、これを支
出し、又はその利用に供してはな
らない。
第90条　国の収入支出の決算は、
すべて毎年会計検査院がこれを検

査し、内閣は、次の年度に、その
検査報告とともに、これを国会に
提出しなければならない。
② 会計検査院の組織及び権限は、
法律でこれを定める。
第91条　内閣は、国会及び国民に
対し、定期に、少くとも毎年一回、
国の財政状況について報告しなけ
ればならない。

第8章　地方自治
第92条　地方公共団体の組織及び
運営に関する事項は、地方自治の
本旨に基いて、法律でこれを定め
る。
第93条　地方公共団体には、法律
の定めるところにより、その議事
機関として議会を設置する。
② 地方公共団体の長、その議会の
議員及び法律の定めるその他の吏
員は、その地方公共団体の住民が、
直接これを選挙する。
第94条　地方公共団体は、その財
産を管理し、事務を処理し、及び
行政を執行する権能を有し、法律
の範囲内で条例を制定することが
できる。
第95条　一の地方公共団体のみに
適用される特別法は、法律の定め
るところにより、その地方公共団
体の住民の投票においてその過半
数の同意を得なければ、国会は、
これを制定することができない。

第9章　改正
第96条　この憲法の改正は、各議
院の総議員の三分の二以上の賛成
で、国会が、これを発議し、国民
に提案してその承認を経なければ

ならない。この承認には、特別の
国民投票又は国会の定める選挙の
際行はれる投票において、その過
半数の賛成を必要とする。

② 憲法改正について前項の承認を
経たときは、天皇は、国民の名で、
この憲法と一体を成すものとして、
直ちにこれを公布する。

第10章 最高法規

第97条 この憲法が日本国民に保
障する基本的人権は、人類の多年
にわたる自由獲得の努力の成果で
あつて、これらの権利は、過去幾
多の試錬に堪へ、現在及び将来の
国民に対し、侵すことのできない
永久の権利として信託されたもの
である。

第98条 この憲法は、国の最高法
規であつて、その条規に反する法
律、命令、詔勅及び国務に関する
その他の行為の全部又は一部は、
その効力を有しない。

② 日本国が締結した条約及び確立
された国際法規は、これを誠実に
遵守することを必要とする。

第99条 天皇又は摂政及び国務大
臣、国会議員、裁判官その他の公
務員は、この憲法を尊重し擁護す
る義務を負ふ。

第11章 補則

第100条 この憲法は、公布の日
から起算して六箇月を経過した日
から、これを施行する。

② この憲法を施行するために必要
な法律の制定、参議院議員の選挙
及び国会召集の手続並びにこの憲
法を施行するために必要な準備手
続は、前項の期日よりも前に、こ
れを行ふことができる。

第101条 この憲法施行の際、参
議院がまだ成立してゐないときは、
その成立するまでの間、衆議院は、
国会としての権限を行ふ。

第102条 この憲法による第一期
の参議院議員のうち、その半数の
者の任期は、これを三年とする。
その議員は、法律の定めるところ
により、これを定める。

第103条 この憲法施行の際現に
在職する国務大臣、衆議院議員及
び裁判官並びにその他の公務員で、
その地位に相応する地位がこの憲
法で認められてゐる者は、法律で
特別の定をした場合を除いては、
この憲法施行のため、当然にはそ
の地位を失ふことはない。但し、
この憲法によつて、後任者が選挙
又は任命されたときは、当然その
地位を失ふ。

索　引

編著者紹介

齋藤　洋（さいとう　ひろし）
　法学入門編1.～13.、補説編、日本国憲法の要点編　執筆
　現在　東洋大学法学部・大学院法学研究科・教授
　学歴　中央大学法学部・駒澤大学大学院法学研究科・法学博士
　　　　ボローニャ大学アントニオ・チク法律科学研究所客員研究員（2009年度）
　専門　国際公法・法哲学
　主要著書
　　単著『現代国際情報宣伝法の研究』（新有堂、1990年）
　　単著『戦後日本の課題と検討』（虹有社、2009年）
　　単著『国際法講義編』（虹有社、2010年）
　　共著『公法基礎入門』（八千代出版、2015年）

執筆者紹介

門脇邦夫（かどわき　くにお）
　法学入門編14.　執筆
　現在　東洋大学現代社会総合研究所客員研究員
　学歴　東洋大学大学院法学研究科　博士（法学）
　　　　明治学院大学法学部・横浜市立大学大学院国際総合科学研究科　修士（学術）
　専門　国際公法・人文地理学
　主要著書・論文
　　単著「国際法学における『地理情報（Geographical Knowledge）』の定義―『記号説明』を中心として―」『現代社会研究』第13号（2016年3月）、203-209頁。
　　単著『国際法学と地理学―境界紛争へのGISの導入―』（内外出版、2018年）
　　共著「日本のODAデータを用いたインド太平洋スケールのローカルモラン統計量による推定―『海洋状況把握（MDA）』モデルの構築に向けて―」『CSIS DAYS 2019』（東京大学空間情報科学研究センター、2019年）、61頁。

法学憲法コアノート

2021年4月1日　第1版1刷発行

　編著者 ― 齋　藤　　　洋
　発行者 ― 森　口　恵美子
　印刷所 ― 三光デジプロ
　製本所 ― グ　リ　ー　ン
　発行所 ― 八千代出版株式会社

　　　　〒101
　　　　-0061　東京都千代田区神田三崎町2-2-13
　　　　TEL　03（3262）0420
　　　　FAX　03（3237）0723
　　　　振替　00190-4-168060

　　　　＊定価はカバーに表示してあります。
　　　　＊落丁・乱丁本はお取り替えいたします。

ISBN978-4-8429-1801-3